KB262970

당신
곁으로

# 당신 곁으로

권태진 지음

사랑스런 눈 가지면
새는 노래하고
춤출 것이다.

그리고 다가올 것이다.
당신 곁으로.

하늘 사랑 가슴에 담았다가

사랑의 흔적을 시작의 공간에 잡아 둘 수 있어 감사합니다.

빗물을 받아둘 수 있는 그릇,

흐르는 강물을 가둘 수 있는 땅이 소중하지요.

암반에 솟아나는 생명수 되어

사람에게는 건강을 주고

땅 밑에 조용히 흘러들어 나무의 열매 달리우는 사랑

영혼의 샘물을 머금은 목회시선.


방송을 통하여 허공에 날아간 것을 소복이 모아

세 권의 책으로 엮었습니다.

항상 푸른 맘으로 협력하는 내자와

신령한 가족들과 함께 창립 39주년의 기쁨을 나눕니다.

그리고 이 글을 읽는 모든 분께

전능자의 은총이 충만하시길 손모아 기도합니다.


이천십칠년 시월 십오일, 송암 **권 태 진**

Let this mind be in you,
which was also
in Christ Jesus.

Philippians 2:5

# • contents •

사랑
소중한 당신

사랑/ 소중한 당신

<u>01</u>

# 매일 떠오르는
# 태양

동녘 태양
매일 같이 떠오르나
날 새고 보니
새로운 각오 더 아름답구나

두툼한 카렌다
가지런히 벽에 걸고
한 장 한 장 넘기다
한 해를 다 넘겼네

새해 이루어질 일
주마등처럼 보이니
설레임으로 새날 새일 세우고
입술에 웃음 머금는구나

묵은 때 말끔히 닦고
새 술 새 부대에 담으라는
말씀 묵상하며

새 마음에 성령 가득 채워
오순절 신비 체험하는
행복 사랑 가득
건강한 삶 되겠구나

어제도 해가 뜨고 오늘도 해가 떴습니다. 그리고 새해가 왔습니다. 새해의 캘린더 속에는 많은 계획을 소복이 담습니다. 그 안에 설렘도 담습니다. 새로운 마음을 가지지 않으면 어제나 오늘이나 또 같은 날입니다.

1월, 2월, 3월…12월까지 날들을 하나하나 헤아려보면 설렘이 가득합니다. 그렇다면 설레는 마음을 행할 수 있는 에너지가 필요합니다. 그 에너지를 주시는 분에 대해 성경은 이렇게 말씀합니다.

사람이 마음으로 자기의 길을 계획할지라도 그 걸음을 인도하시는 이는 여호와시니라 잠16:9

새날이 우리에게 왔고 설렘이 있다면 이제 하나님과의 관계를 어떻게 맺을 것인가 생각해봅니다. 하나님과의 관계의 첫 단추는 회개하고 성령을 받는 것입니다. 성령을 받으면 능력이 임하고 은사를 받습니다. 은사를 받으면 열매가 있어야겠지요? 그 열매를 성품이라 하는데 한 해 동안 나와 세상과 하나님의 뜻이 아름답게 맞물려 가게 하려면 성령이 주는 열매의 성품을 삶에 잘 담아야 합니다. 사랑, 희락, 화평, 오래 참음, 자비, 양선, 충성, 온유, 절제. 아홉 가지를 가슴에 담아 놓으면 사랑을 쓸 때는 사랑을, 온유를 쓸 때는 온유를, 인내를 써야 할때는 인내를 사용할 수 있습니다.

새로운 한 해의 계획이 담긴 캘린더를 보며 가장 먼저 내 빈 마음에 성령을 담습니다. 하나님의 말씀에 순종하면 가장 멋진 한 해가 펼쳐질 것입니다.
새날을 맞이하는 당신께도 이러한 기쁨, 능력, 사랑이 임하기를 소원합니다.

# 소중한
# 당신

당신은
망망대해 나는
갈매기 떼의 작은 바위섬

당신은
포수 만난
어린 사슴의 숨을 숲

당신은
물고기에게
기쁨을 주는 산호초

오직 당신이 계신 곳이라면
비바람 눈서리도
감사의 조건일 뿐
조금도 슬프지 않습니다

참 쉼이 없는 세상입니다. 쉼은 모두의 희망사항입니다.

바다 위를 훨훨 나는 갈매기도 쉬고 싶어 주위를 둘러보면 온통 물입니다.

돌섬을 만나면 얼마나 좋을까요?

노루가 사냥꾼을 만나 헐레벌떡 도망가고 있는데 숨을 곳이 필요합니다.

숲을 만나면 얼마나 좋을까요?

물고기가 쉼없이 헤엄치다 산호초를 만나 잠시 잠을 청하고 그 속에 숨기도 하고, 알도 낳는다면 얼마나 좋을까요!

세상에 쉼을 얻는 길은 어디 있을까요?


열심히 찾아보니 돌섬도 있고, 숲도 있고, 산호초도 있습니다. 어디냐면, 바로 예수님 안에 다 있습니다. 예수님 안에서 부부가 되면 영원한 만남이 됩니다. 예수님 안에서 성도의 교제는 아름답습니다. 세상 일에 불안하고 초조하다가도 예수님을 생각하면 모든 상황이 부활로 가는 통로입니다. 불안해하지 않아도 됩니다. 우리에겐 천국이라는 안식처가 있습니다. 힘들고 억울하고 어려울 때면, 빌라도 법정에서 죄없이 정죄받는 예수님이 떠오릅니다. 사망의 두려움이 엄습해도 그 속에서 십자가 후의 부활을 발견합니다.

소중한 당신은 바로 주님이셨군요!

그리고 당신은 바로 주 안에 있는 성도이자 아내이며 남편입니다.

우리는 진리를 따르는 자들입니다.

<u>03</u>

# 할매의
# 봄나물

할매 앞 가지런히 놓인
봄나물 냉이 한 무더기
허리가 휘도록 수고한 정성
무심한 발걸음들 지나치고
해는 서산에 걸렸다

수건을 두른 빛바랜 머리
황토 흙 군데군데 묻은 앞치마
빈손만 들어있는 큼지막한 돈주머니

오늘은 이 할매 만나라고
군포의 재래시장 입구 도롯가를
걸어서 가게 했나보다

몇 무더기 사서 비닐봉지 따로 담아
여러 가정 나누니
웃음꽃 마음으로 채워지는구나

주는 자가 복이 있다 하신 말씀
속속들이 믿어진다

제가 처음 군포에 교회를 개척할 때는 이 곳이 시흥군 남면이었습니다. 그러다 남면이 군포읍이 되고 지금은 군포시가 되었습니다. 구 시가지에 재래시장이 하나 있는데, 봄이 되면 연세 많으신 어르신들이 이 재래시장에 붙어있는 도롯가에 봄나물을 가지고 나오셨습니다. 나생이(냉이), 쑥, 달래 뭐 이런 것들을 팔아요. 그 거리를 늘 걸어다녔는데 저녁 다섯 시쯤 되어서 보면, 그걸 그대로 다 두고 힘없이 앉아계셨습니다. 팔리지 않은 나물들을 무덕무덕 놓고 마냥 기다리셨던 거지요. 제가 가서 물었습니다. "할머니, 이것 얼마예요?"

얼마라고 알려주셔서, 그것들을 다 사왔습니다. 그리고 와서 우리 집사님들, 성도들에게 하나씩 나누어 주었어요. 저도 그 당시엔 넉넉지 않았지만 오늘 이렇게 팔아드리면, 어르신들께 내일 또 일거리가 생기니까요. 아주 여러 번, 양손에 가득 나물을 사왔습니다. 제 나름대로 어르신들을 돕는 방법이었습니다.

때론 따뜻한 한마디가 사람을 살립니다. 그분들을 사랑하다보니까 돕는 방법을 찾게 되었고, 그러다 보니 성도들도 다 닮아갔습니다. 함께 노인대학을 시작했고, 군포시에 처음 설립된 노인복지관도 운영하게 되었습니다. 그러니 자연스레 성도들도 함께 봉사를 하고 섬기면서 말씀을 행함으로 실천하게 되었습니다.

씨를 심을 밭이 있다면 참 행복한 사람입니다. 사랑할 대상이 있고, 내 것을 나누어 줄 대상이 있다는 것도 참 행복한 일입니다. 아무리 가진 것 많아도 줄 수 있는 사람이 없다면 아무 것도 아닙니다. 이것을 깨닫고 나니 가난한 사람, 연약한 사람을 만나면 내가 무엇을 줄 수 있을까 생각하며 참 행복했습니다.



제가 늘 하는 말이 있습니다. "손발이 바쁜 사람은 입이 조용하지만, 손발이 가만히 있는 사람은 입만 바빠서 서로 간에 헐뜯고 분쟁을 일으킨다."
열심히 봉사하면 말이 적고, 분쟁이 없습니다. 매일 운동을 하면 건강한 것처럼 늘 봉사하고 나누면 교회가 건강해집니다. 주는 자가 복이 있다고 하셨습니다. 그래서 제가 복을 아주 많이 받았습니다. 성도들도 그런 목사를 바라보며 함께 걸어왔기에 지금은 복지를 잘하는 교회가 되었고, 성도들도 행복해졌습니다.
우리 오늘도 사랑을 나눕시다.

십자가를 바라보면
여러 시련과 고통 중에도
살 길이 있습니다.

하나님은 분명히

피할 길을 예비해 놓으십니다.

소망을 가지세요.

당신은 승리할 것입니다.

# 변화를
# 읽어봐요

아침마다 전쟁터
잠 깨우는 소리
자갈 밭 손수레 구르듯
귓전 울리고

럭비공 같은 자녀
어디로 튈지 몰라
부모 가슴 졸인다

내 자녀 저 모습 아니었는데
자기 색깔 진해진
통제불능 사춘기 자녀
부모 마음에 김치 담근다

우리 아이가 변했구나
사랑의 눈물 양 볼에 흘러도
부끄러움 개의치 않는 모정
자녀의 안식처 되니

가신 부모님 가슴에 되살리며
신분적 사랑하신
하나님 성품 본받아
부모의 기다림 배우며
주님께 감사기도 드려요

자녀를 키우면서 가장 힘든 기간은 아이들에게 사춘기가 찾아왔을 때입니다. 그 시기에는 자녀 때문에 눈물을 흘리는 부모님이 많습니다. 자녀가 부모를 위해 우는 일은 드물지만 부모가 자녀를 위해 우는 일은 허다합니다.

학교폭력의 피해자가 되어 학교에 가지 않으려는 자녀와 아침마다 전쟁을 치르고, 학교에 다녀와서도 자기 방에 들어가 나오지 않는 자녀의 뒷모습을 볼 때 부모는 마음이 푹푹 내려앉습니다. 자녀와 대화를 나누고 싶어도 나눌 수 없고, 점점 많은 갈등을 겪습니다.

39년간 목회를 해오면서 수많은 가정의 고민을 나눴습니다. 그 가운데 깨달은 것이 있습니다. 먼저 자녀와의 갈등이 있는 가정에 당부해 주고 싶은 말이 있다면, "기다려 주세요." 입니다.

자녀의 변화를 읽어내야 합니다. 모습과 행동이 변해도 사람의 자식은 결국 사람입니다.

부부가 먼저 좋은 관계를 맺고 행복하게 살면, 자녀는 부모님의 모습을 보면서 어떤 길을 가야 할지 생각하는 날이 옵니다.

자녀이기 때문에 인내하며 변함없이 사랑하는 신분적 사랑을 유지한다면, 집 나간 탕자가 아버지의 부유한 사랑을 보고 돌아온 것처럼 행복한 부모의 품에 돌아와 열심히 살겠노라고 고백하는 날이 분명히 올 것입니다.

그를 위해서, 부모가 먼저 변하고 행복해야 합니다. 부모가 행복한 길을 알지 못하는데 그 길을 어찌 가르치겠습니까!

사랑으로 기다리며 가정을 바로 세우는 것이 변화 속에서 갈등하는 자녀를 바른 곳으로 인도하는 길입니다.

# 잘
# 되어라

한 노부의 자녀사랑
가슴에 불 지피니
유학 간 자녀 박사 뒷바라지 하고파
자존심 뒤로하고
종의 서재에 문 두드립니다

박사 꿈 안고 출국한 아들
신령한 일꾼 키워 보랍니다

아비의 소원이 내 꿈 같아
힘든 유학 밭에 물길 돌려
촉촉이 적시니
박사 되어 본국에 돌아왔습니다

산을 주면 나무를 심고
물질을 주면 사람을 키우고
그 마음을 심을 밭 주심 감사하며

영혼 키우는 누림과 보람
큰 은혜의 선물입니다

어느 날 한 원로 목사님께서 찾아오셨습니다. 60~70년대에는 부모님들이 사랑하는 자녀를 공부시키기 위해 소도 팔고 논도 팔았었습니다. 이 어르신께서는 자녀를 위해 자존심을 내려놓았습니다. 유학간 아들 뒷바라지가 힘에 겨워 제 서재의 문을 두드리신 것입니다. 목사님은 제게 부탁하셨습니다. 우리 아들 좀 키워달라고. 소명을 갖고 공부하는 아들이기에 사랑하는 마음으로 협력했습니다.

저는 그의 학업에 도움을 주었지만 어떠한 댓가도 바라지는 않았습니다. 부모의 마음이란 "너의 행복이 나의 행복이니 그저 잘 자라만 다오" 하는 마음인 것처럼 그저 그가 잘 되기를 바랬습니다.

교회에서 교육하는 선교원 원아들, 초·중·고등학생들, 장학생들에게도 오직 바라는 것은 '잘 배우자, 부모님의 소중한 사랑을 항상 기억하자, 그리고 잘 되어라.' 이것 뿐입니다.

부모님의 사랑은 하나님의 사랑과 가장 닮아있습니다. 우리의 안식처이고, 우리 마음의 고향입니다. 그래서 부모님은 시간이 지날수록, 나이가 들수록 오래오래 생각납니다.

부모님은 자신이 힘들고 병들었어도 자신의 자녀가 어려움을 당하면 자기를 위한 기도를 하기보다 그 자녀를 위하여 기도를 부탁하고 눈물을 짓습니다.

아, 정말 이런 마음이 하나님의 마음이겠지요!

# 알곡
## 다칠까봐

풍성한 수확을 소원하며
씨 뿌리고 김매며
기쁨의 땀 흘렸는데
알곡 곁에 누가 가라지 심었습니다

몇 번이나 뽑을 가라지
알곡 다칠까 추수 때까지 버려두었습니다

종놈 주인님 말씀에 순종하지만
알곡의 양분 가로채는 가라지 보면서
추수 때까지 가슴 아플 것 같습니다

농부가 밭에 씨를 뿌려놓고 어느 날 밭에 나가보니 가라지가 자라고 있었습니다. 그러나 농부는 추수 때까지 가라지를 남겨두었습니다. 가라지를 뽑다가 알곡까지 다칠 수 있기 때문입니다. 가라지에 대한 미움보다 알곡에 대한 사랑이었습니다.

가끔 가라지와 같은 사람들이 있습니다. 이들은 순수하고 정직한 사람에게 붙어 성장을 막습니다. 가장 악한 사기꾼은 가장 선하고 순수한 사람 곁에 있습니다. 그러나 어떤 상황에도 주인은 알곡을 먼저 보호합니다.

세상에도 이 가치가 먼저 되면 좋겠습니다. 악한 사람을 미워하는 마음보다 선한 사람을 사랑하는 마음이 먼저 드러나야 합니다. 경찰서와 교도소가 필요한 이유도 악한 사람을 미워하기 위해서가 아니라 선한 사람을 보호하기 위해서입니다. 나라의 정책과 정치도 선한 사람을 선하게 대우하고 국민을 보호하기 위해 움직여야 합니다.

알곡과 가라지의 주인되신 주님의 음성에 귀 기울이니 미움보다 사랑하는 마음이 자라나는 듯합니다.

알곡과 가라지의 주인되신

# 주님의 음성에
# 귀 기울이니

미움보다

사랑하는 마음이

자라나는 듯합니다

# 닭은
# 닭으로

울고 싶으면 울고
웃고 싶으면 웃어라

새는 새로
닭은 닭으로 사는 것처럼

생긴대로 생각하고
수준대로 행동하라

위선의 굴레 쓰고
선과 사랑 흉내 내지 말라

흉내 낼 힘 있으면
차라리 외식을 벗고
어리석을 만큼 솔직하여라

"생긴대로 사세요!" 제가 자주 하는 말입니다.

하나님은 사람을 만드실 때 한 사람, 한 사람을 최고의 걸작으로 만드셨습니다. 그러므로 생긴대로 사는 것이 좋습니다. 그것이 가장 창조적인 삶이며 가치있는 삶입니다. 오리는 물에서 놀고, 독수리는 하늘을 날 때 가장 자연스럽고 생기있습니다.

사람은 하나님이 주신 은사대로 살 때 가장 매력이 넘칩니다. 아이들에게는 점잖게 있으라고 하는 것이 가장 힘든 일입니다. 아이는 아이답게, 어른은 어른답게, 크리스천은 크리스천답게 살아야 합니다.

동물은 동물대로, 사람은 사람대로, 종교는 종교대로 각자의 속성과 기준을 존중해줄 필요가 있습니다

매일 새벽기도로 모이고, 수시로 예배와 기도로 모이는 기독교는 엄연히 고유한 특성이 있습니다.

어느 한 기준에 맞추어 종교간 상대적 차별을 말할 수가 없습니다. 종교 뿐 아니라 각자의 개성과 문화에 상관없이 평등을 이야기하면 조화의 균형이 깨질 수 있습니다.

닭은 닭으로, 새는 새로 함께 존재했으면 좋겠습니다. 울고 싶으면 울고, 웃고 싶을 땐 웃으며 자신을 표현하며 살아야 합니다.

위선으로 무장하는 것보다 미련할 정도로 성실하게 사는 것이 더 지혜롭습니다. 순간의 거짓보다, 욕을 먹더라도 진실을 지켜내는 신실함이 임하길 바랍니다. 마음에 평강이 찾아올 것입니다.

# 행복한
# 오월


오월에 안긴 가정
하늘만큼 큰 은혜

티 없는 어린이 눈망울
어버이 마음, 스승의 마음에
행복의 파도 퍼져
주름진 얼굴에 웃음꽃 핍니다

수고의 땀 있는 곳
보람의 씨 심으며
낙원으로 가는 오솔길

조건 없이 주고 받는
사랑의 정원, 가정에
행복 꽃 만발합니다

아이, 부모, 가정, 스승 그 소중함은 아무리 곱씹어도 지나치지 않습니다. 오월은 그 모든 것을 담고있는 의미있는 달입니다. 화려한 꽃이 피어나고 어린이날, 어버이날, 스승의 날과 함께 사랑도 피어납니다.

가정에서 아이들이 행복하게 자라면 미래가 있습니다. 존경을 받는 부모님이 계시면 가정이 행복해집니다. 그리고 좋은 스승을 만나면 사람답고 가치있게 살아갈 수 있습니다.

미래가 있는 자녀, 사랑이 있는 부모, 바른 진리가 있는 스승, 너무나 소중합니다.

> 내가 곧 길이요 진리요 생명이니 나로 말미암지 않고는 아버지께로 올 자가 없느니라 요14:6

우리의 진정한 스승은 예수님이십니다.

> 마땅히 행할 길을 아이에게 가르치라 그리하면 늙어도 그것을 떠나지 아니하리라 잠22:6

예수 그리스도를 마음에 모시고 가르침대로 살아가는 행복한 오월이 되길 바랍니다.

온 가정이 성령 안에서 따뜻한 계절이 될 것입니다.

# 만남과
# 사랑

당신을 만난 후
혼자 있어도 행복합니다

당신을 만난 후
동행도 즐겁습니다

당신을 생각할 때마다
살아야 할 이유를 깨닫습니다

당신을 확실히 알 수 없어
다가가는 길이 희미했으나
당신이 사랑하니
어느새 당신의 사람 되었습니다

당신은
사랑을 가꾸는 농부
그 사랑 영원하게 하소서

만남, 그것은 행복의 시작일 수도, 불행의 시작일 수도 있습니다.

이 땅에서 만남은 참 중요합니다. 어린아이일 때는 부모를 잘 만나야 행복하고, 결혼을 할 때는 배우자를 서로 잘 만나야 행복합니다. 또 노년에는 자녀를 잘 만나야 행복이 있습니다. 이 모든 만남을 행복으로 바꿀 수 있는 길이 하나 있습니다. 바로 하나님의 섭리를 인정하고 천국을 믿는 것입니다.

예수님을 만나면 실수라고 생각했던 만남들에 대해서도 감사할 수 있습니다. 예수님을 만난 후 살아갈 수 있는 에너지가 생겼습니다. 혼자 있어도 외롭지 않습니다. 모든 것이 누림이며 감사입니다.

목회를 하고, 성도들을 만나고, 가정생활을 할 때도 감사가 넘칩니다. 주일이 기다려지고, 집에 들어가는 것이 즐겁고, 모든 사람을 하나님이 사랑하신다고 생각하니 나도 그들이 사랑스럽습니다.

삶이 어려운 사람들, 가난한 사람들, 병든 사람들, 장애가 있는 사람들을 만나면 그들을 도울 수 있음에 즐겁고 행복합니다. 예수님을 만났기 때문입니다. 예수님은 모든 만남을 행복과 사랑으로 변화시켜 주십니다.

<u>10</u>

# 어버이<br>날

예쁘고 당당하시던 어머니
병들어 야위시더니
호흡도 조용히 중단하시고
흙에 묻히고 하늘 요단강 건너
낙원 가신 어머니

세월이 약인줄 알았는데
돋아나는 어머니와의 추억

어머니 연배 분들의 가슴에
빨간 카네이션 볼 때면
보릿고개 넘기며 자식 위해 애쓴 삶
마음의 잔상이 짙어집니다

어머니 닮아 노인 사랑하고
기다리는 아비 목회의 길
오늘까지 걸어왔습니다

그리운 어머니!
한 번 만이라도 좋으니
꿈에라도 만나고 싶어
조용히 불러봅니다

어머니, 참 가슴에 사무치는 말입니다. 자녀 없는 사람은 있어도 부모 없는 사람은 없습니다. 어머니와 자녀는 가장 극진한 사랑으로 맺어진 관계입니다. 저는 어머니를 생각하면 좀 더 잘해드렸어야 하는데 하는 생각에 늘 마음 아플 때가 많습니다.

제가 군포에 와서 교회를 개척하고 힘겹게 살아갈 때, 집에 쌀이 떨어지는 일이 다반사였습니다. 그래서 어머니는 종종 형님 댁에서 쌀 한 됫박을 이고 와서 밥을 해주시고, 수리산 밑에서 나물을 캐어 반찬을 해주셨습니다. 어느 날 전도하러 나갔다가 들어와 보니 그날은 어머니가 울면서 집을 나서고 계셨습니다. "어머니, 어디가세요?" 하고 여쭈었더니 "얘, 너희 집에 쌀이 없어서 저녁도 지을 수가 없구나." 하고 흐느끼시며 제 손을 뿌리치고 한사코 가셨습니다. 저는 울면서 가시는 어머니의 뒤를 따랐습니다. 어머니는 군포역 계단을 기어서 올라가셨습니다. 눈물이 앞을 가려 아무것도 보이지 않는 탓이었습니다.

그날 어머니의 뒷모습이 아직도 눈에 선합니다. 저는 그때 다짐했습니다. '조금만 기다리세요. 저도 어머니께 고기도 사 드리고 그렇게 가고 싶어 하시는 시골도 모시고 가겠습니다.' 그러나 그런 형편이 되니까 어머니가 이 땅에 계시지 않았습니다. 그때 깨달았습니다. '아, 부모는 기다려주지 않는구나.'

그리운 어머니, 어머니가 주신 사랑으로 사랑을 주는 사람이 되어 여기까지 왔습니다.

어머니 감사합니다. 사랑합니다. 또 사랑합니다.

3월
日
12

새로운 계획이 담긴

캘린더를 보며

가장 먼저

내 빈 마음에

성령을 담습니다

# 천륜을
# 거스르지 말라

자신의 욕구 채우려 돈 빼앗고
인격과 육체 짓밟는 학생들 때문에
견디다 못해
자살을 선택했구나

인권 인권 하더니
교권이 결박되었구나

부모 권위 없으면 형제 싸우고
공권력 허물어지면 사회 불안해진다

어른을 공경하고
부모님께 효도하고
서로 사랑하라는

천륜을 거스르지 말라

학교폭력이 계속 심각한 문제입니다. 따돌림을 견디지 못해 자살을 한 안타까운 청소년의 이야기들이 신문과 방송을 통해 계속되고 있습니다.

왜 이런 일이 계속 일어날까요? 생명을 천하보다 귀하게 여기는 가치관이 점점 사라지고 있기 때문입니다. 아이들은 어렸을 때부터 자신의 생명 뿐 아니라 타인의 생명이 얼마나 소중하고 가치있는지를 깨달아야 합니다.

이 문제의 원인은 사회와 가정의 교육까지 거슬러 올라갑니다. 아이는 어른의 지도를 받으며 과거 어른들의 삶으로부터 지혜를 배우고 역사성을 가져야 하는데 그런 흐름이 단절되어 가고 있습니다.

가정에서 자녀는 부모를 공경하고 순종하며 부모님께 삶을 배워야 합니다. 부모는 삶으로 본이 되어야 합니다. 학교에서는 선생님의 교훈을 받고 따라야 합니다.

그것이 위로부터 내리는 은혜입니다.

노인들에게서 지혜를 배우고 아이들에게 꿈을 길러주어야 합니다. 하나님이 정해주신 질서와 법칙을 지키고 전해야 합니다. 그것이 천륜입니다. 나만을 위하여 살기보다 생명을 존중하며 함께 살아가는 세상을 아이들에게 가르쳐줍시다.

12

# 수고의
# 보람

울창한 숲속 거닐며
흙가슴 깊이 박힌
나무를 보노라

땅의 양분 받아
싹 틔우고 잎 피우고 열매 맺은 후
낙엽 흙가슴 보듬는다

조물주의 햇빛과 비바람 은혜
받고 주고, 주고 받고
세월의 흔적 빼곡 하구나

사람의 숲을 보다가
자연의 섭리 깨닫고

부모 자녀 사람
서로의 역할을 찾는다

부모의 흙가슴
나무의 열매 낙엽 보답하고

빠른 세월에도 행복 느끼도록
좋은 나무되어

수고가 보람되고 행복되게 하는
자녀가 되어보자

낙엽이 수북한 산을 걷습니다. 매우 푸근한 어머니품 같습니다.

산은 참 어머니 같습니다. 나무는 산의 기와 양분을 빨아들여 날로 키가 자라갑니다. 열매를 맺은 후에는 어김없이 낙엽이 되어 땅을 덮습니다. 그리고 낙엽은 썩어서 거름이 되어 땅을 보호합니다.

부모와 자녀의 관계도 이와 마찬가지입니다. 자녀는 부모님의 수고와 헌신으로 성장하여 부모님께 기쁨이 되어드립니다. 그리고 자신이 가진 에너지로 부모님의 수고를 보람으로 갚아 드립니다.

산을 보호해야 나무를 지킬 수 있듯이 부모님을 보호해야 형제들이 안정과 평화를 찾고, 서로 사랑할 수 있습니다.

가정은 사회에서 가장 귀한 조직이며 사회의 뿌리입니다. 가정을 지키는 부모님의 모든 수고가 보람과 행복이 되게 하는 자녀가 되어 봅시다.

가정을 지키는

부모님의 모든 수고가

보람과 행복이 되게 하는

자녀가 되어 봅시다.

13

# 사랑의
# 빛

내 조국 대한이여
주 안에 형통하소서

민족의 순수함 가슴에 안고
위로부터 입히신 사랑의 빛
온누리 임하소서

유물주의 미혹에 벗어나
감사의 기도 찬송 호흡되어
건강한 사회 이루소서

섬김 사랑 나눔 영혼구원
선민의 삶 본질 회복하소서

가정을 떠나 본 사람이 가정의 소중함을 알고 조국을 떠나 본 사람이 조국의 소중함을 압니다.

저는 1년간 조국을 떠나 월남에서 전쟁을 하면서 전쟁의 비참함을 몸소 체험했습니다. 나라를 잃어버리고 이곳저곳으로 피난 다니는 민족을 보며 나라가 있음에 감사하고, 나라를 더 사랑하게 되었습니다.

"하나님이 보우하사 우리나라 만세"

애국가를 부를 때면 하나님의 열정과 사랑이 우리 대한민국에 쏟아지는 것을 체험합니다. 제 속에 있는 애국의 열정은 '조국이여 영원하소서' 기도로 터져나옵니다. 하나님은 사람을 통해서 나라를 다스리고 아름답게 만드십니다. 그래서 새벽마다 우리나라의 지도자들을 위해서 간절히 기도합니다.

우리나라를 사랑하는 마음으로 함께 기도합시다. 이 나라에 세속의 문화, 그릇된 종교, 그릇된 가치관이 뿌리내리지 않도록, 사랑하고 더불어 사는 에덴과 같은 나라, 아름다운 사회가 되도록 기도합시다. 그리고 우리 함께 행복합시다.

# 위로의 은총
## 입히소서

황금들녘을 만든 땅과 하늘
서러운 눈물은 이제 그만
활짝 웃는 태양
영그는 열매 속살을 찌우소서

접힌 잠자리 날개
허물어진 산
수재민들의 한숨
차마 볼 수 없나이다

이젠 고난이 감사노래 되도록
위로의 은총 입히소서

자기만을 생각하는 세상
말세의 말 징조들
말씀 통해 보이니
없는 자, 약자의 서러움
주님의 사랑으로 깨닫습니다

가난한 자, 병든 자 위로하는
주님의 정신 가슴 깊이 품고
열매의 계절 준비하게 하소서

큰 비는 한 순간 많은 것을 앗아갑니다. 2006년 7월, 한계령 밑에 있는 인제에서 큰 홍수가 났습니다. 많은 분들이 목숨을 잃고 한 마을 전체가 심각한 손상을 입었습니다. 그 재해 현장에 우리는 사랑의 밥차를 파견했습니다.

20일 동안 약 8천 끼의 식사를 제공하면서 그분들에게 위로의 말조차 쉽게 건넬 수가 없었습니다. 다만 남편, 가족을 잃은 가정을 보면서 '주여, 저들을 위로하소서' 하고 간절히 기도했습니다. 그 황폐한 곳이 다시 회복되어 곡식이 무성한 황금들녘이 되기를 꿈꾸며 홍수 피해를 입은 동네마다 찾아가서 봉사를 했습니다.

태안 앞바다에 기름이 덮쳤을 때도 사랑의 밥차는 그곳에 45일을 머물렀습니다. 기름으로 뒤덮인 바다가 언젠가는 어부들이 콧노래 부르며 다시 고기를 잡을 수 있는 맑은 바다가 되기를 꿈꾸며 열심히 밥을 지었습니다.

'하나님, 실패한 현장도 다시 살게 하는 회복의 은혜로 그 능력을 보게 하소서.' 안타까운 현장을 보며 외쳤던 기도와 소원이었습니다.

하나님은 감당하지 못할 시험을 허락하지 않으십니다. 시험이 와도 좌절하지 말고 시선을 돌려보세요. 하나님은 분명히 피할 길을 예비해 놓으십니다. 십자가를 바라보면 여러 시련과 고통 중에도 분명히 살 길이 있습니다.

소망을 가지세요. 당신은 승리할 것입니다.

# 비

불볕 더위
지속되더니
비가 온다

며칠째 내리니
장마로구나

콘크리트 공사 마치면 오지
내 맘 온통
예배당 건축을 향하는구나

내 기도와 달리
비 오는 걸 보니
비를 기다리는 사람이 많은가 보다

비는 참 내 맘 같지 않습니다.
비가 꼭 왔으면 하는 때는 오지 않고, 비가 오지 않기를 바라는 날 꼭 내립니다.

2011년 교회의 예배당 건축이 한창일 때였습니다. 지반공사를 하고, 콘크리트를 치려고 땅을 한참 파고 있는데 비가 왔습니다. 장마철이었습니다. 공사는 잠시 중단되었습니다. 저는 땅을 깊이 파 놓은 곳에 비가 고이는 것을 멍하니 바라보며 소원했습니다.

'하나님, 며칠만 기다려 주시면 안됩니까?'
간절히 기도했지만 하나님은 기다려 주시지 않았습니다. 계속 비가 왔습니다. 그 때 깨달은 것이 있었습니다. '아, 나는 비가 조금 있다가 오기를 바라지만 누군가는 비를 간절히 원하고 있구나!'

그 후에는 비가 오든지 날이 좋든지 간에 하나님이 하시는 일은 모두를 복되게 하는 것이라 생각해서 스트레스를 받지 않았습니다. 이후엔 하나님이 날씨까지 축복하셔서 콘크리트 공사를 다 하고 나면 비가 오고, 다시 콘크리트 공사를 시작하려고 할 땐 날이 개어서 건축일정에 차질없이 잘 마칠 수 있었습니다.

함께 일하는 분들, 동네 사람들은 입을 모아 말했습니다.
"하나님이 군포제일교회를 정말 사랑하시나봅니다."

나를 중심으로 주어진 환경을 보지 않고, 함께 사는 모두를 배려할
때 염려도 없어지고 불만도 사라집니다.

내 마음과는 달리 환경이 조석으로 변한다 할지라도 세상이 하나
님의 섭리 안에 있음을 믿으면 평안과 행복이 찾아옵니다.

조건 없이 주고 받는
사랑의 정원, 가정에

행복 꽃
만발합니다

# 내 속에
# 있는 빛

구원의 십자가를 바라보라는 사랑의 음성
빛 주시고 바른 삶 찾게 하는 능력의 교훈
칠흑빛 물리치고 속속들이 선악 분별케 하신
주님의 사랑에 감사합니다

돈 명예 권력에 눈멀어 역사적 편견의 포로 되고
친구와 원수 혼돈된 아픈 역사
울지도 웃지도 못하는 소용돌이
진리 안에서만 분별의 눈 열립니다

분단의 아픔에 남남갈등 세대갈등 더해
갈기갈기 찢어지나
천국 사랑 소망 입으니
범사에 감사노래 부르며
내 속에 있는 빛을 점검합니다

## 너희는 세상의 빛이라 마5:14

빛은 참 소중합니다. 캄캄한 밤이 오면 사물을 바르게 판단할 수 없습니다. 자주 다니던 길도 더듬거릴 수 밖에 없습니다.

세상에 빛이 없을 때 혼돈이 시작됩니다. 우리나라도 빛이 점점 사라져서 자살률이 높아지고 가정의 해체가 늘어나고 있습니다. 빛의 지식, 즉 바른 분별력을 가질 수 있는 빛된 삶과 빛된 가치관이 필요한 때입니다.

북한은 평화의 약속 대신 핵을 의지하고, 미사일을 만들고, 많은 사람들이 굶주림과 공포에 떨고 있음에도 불구하고 가난한 사람들과 그들의 심령을 돌아보지 않습니다. 사람이 소중하다는 가치관을 점점 잃어가고 있습니다. 빛이 없기 때문입니다.

빛된 지식인이 되어봅시다. 주님의 명령대로 세상과 가정의 빛으로 빛된 삶을 살아봅시다. 하나님은 우리를 사랑하시기에 부탁하십니다. 모든 사람을 행복하게 하고, 우리 자신도 행복해지라고.

이 말씀은 사랑입니다.

# 집토끼


허름한 초가집을 대궐처럼 여기던 시절
자연의 신비에 파묻혀
토끼 한 쌍 키우니
이토록 빨리 엄마 아빠 되어
토실토실 아기 소복이 낳았구나

아침 저녁 들여다보고
클로버 칡넝쿨 콩잎 줄 때면
붉은 눈 깜박이며 앞니로 꼭꼭 씹어
하얀 털주머니 속으로 생명 채우는구나

오직 나의 손에 달려 있는
집토끼의 생사화복
오직 하나님 손에 달려 있는
나의 생사화복

사는 날 동안 감사하리라

오늘은 동심의 추억이 새록새록 떠오르는 날입니다.

제가 어렸을 때 자라던 시골집에서 토끼를 키웠습니다. 초가집 모퉁이를 돌아가면 토끼집이 있었습니다. 데려온 암수 한 쌍은 눈 깜짝할 새 성장했습니다. 어느 날 새끼를 소복이 낳았기에 자세히 들여다보니 눈도 못 뜨는 아가들이 용케도 어미 젖꼭지를 찾아가고 있었습니다. 창조의 신비가 토끼의 가정에도 나타나고 있었습니다. 클로버잎이나 콩잎, 칡넝쿨을 구해서 토끼집에 넣어주면 오물오물 풀을 먹는 모습이 정말 귀여웠습니다. 어쩌다 집을 비울 일이 생기면 토끼풀을 제때 주지 못할까봐 조바심을 낼 정도로 토끼를 아꼈습니다.

그런데 나의 사랑하는 토끼가 죽었습니다. 비 맞은 풀을 줬더니 설사병에 걸렸던 것입니다. 토끼의 생리를 이해하지 못해서 생긴 일이었습니다.

아무리 사랑해도 사랑하는 방법을 모르면 그 사랑이 오히려 생명을 앗아갈 수도 있습니다. 그러나 하나님의 사랑은 완전합니다. 하나님은 사랑하는 성도의 체질을 잘 아시기 때문에 우리가 먹고 병들어 죽는 그런 환경을 만들지 않으십니다.

하나님이 주신 모든 환경은 우리를 복되게 합니다. 하나님의 말씀은 늘 우리에게 충만한 에너지를 공급하고 승리로 이끌어 주십니다. 말씀에 온전히 순종해보십시오. 참 아름다운 인생이 될 것입니다.

<u>18</u>

# 눈물
## 샘

요즘엔 눈물샘이 넘친다
작은 감동에도 넘쳐난다

나 자신 너무 작고
주님 은혜 너무 커
눈물이 절로 흐른다

만나면 다정하고 포근한 이도 있으나
설교를 경청하지 않는 이
책장을 넘기고 손장난을 치는 이
바리새인처럼 자신의 의가 가득한 이도 있다

묵은 포도주가 좋아
새 포도주엔 관심 없는 그도
역시 할 일이 있어 와 있는 것
누가 무어라 하랴

십자가 진 자의 사명이 있고
지게 하는 자의 사명도 있음 믿으니
또 눈물샘이 터진다

"친구여!
너의 일을 행하라"
가룟 유다를 향한
주님의 음성을 듣고
또 위로의 눈물 흐른다

철지난 유행가 가사 중에 이런 소절이 있습니다.

"사랑이 무어냐고 물으신다면 눈물의 씨앗이라 말하겠어요."

저는 처음 이 노래를 듣고 사랑은 눈물이 아니라 믿음의 씨앗이라고 생각했습니다. 사랑하기 때문에 믿었습니다. 그런데 요즘은 이 가사가 다시 생각납니다. 사랑은 눈물의 씨앗인 듯 합니다.

사랑하는 사람이 축복의 길로 가지 못하고 세속의 길로 가버렸을 때 그들의 뒷모습을 보며 그렇게 울었습니다. 예수님께서 예루살렘 성을 보시며 우셨던 그 마음을 알 것만 같았습니다. 요즘은 제 자신을 봐도, 성도들을 봐도, 이 나라를 봐도, 교계를 봐도 눈물이 날 때가 있습니다.

예전에는 나폴레옹처럼 흐르는 눈물도 다시 집어 넣을 수 있는 강인함이 있어야 한다고 생각했습니다. 그래서 좀처럼 눈물을 보이지 않았습니다. 그런데 요즘은 하나님 사랑, 성도 사랑, 나라 사랑, 사랑의 양이 많아져서인지 눈물의 양도 많아졌습니다.

아마도 목양 사역을 잘 감당하라고 하나님이 주신 눈물이 아닐까 합니다.

"늘 울어도 눈물로써 못 갚을 줄 알아, 몸 밖에 드릴 것 없어 이 몸 바칩니다."

이 고백 밖에는 드릴 것이 없어 또 기도하며 울었습니다.

# 금은방
# 주인





찢어지게 가난한 줄도 모르고
진리말씀 심령매여 싱글벙글하니
금은방 주인이란다

하루하루 살아가는 식당 안주인의 눈엔
기쁨의 씨앗이
돈이라 생각하나보다

금은(金銀) 보다
더 귀한 것 건강
그보다 더 귀한 것 영생

영혼의 만족은
환경을 초월하는 감사에서 오는 것
기쁨의 호흡 체험자만이 알겠구나

개척한 지 10년 쯤 되었을 때였습니다. 쉼을 위해 아내와 둘이 양평으로 여행을 갔습니다. 해질 무렵 저녁을 먹으러 '할머니 밥집'이라는 한 식당에 들어갔습니다. 둘이서 된장찌개를 시켜서 맛있게 먹으려고 할 때였습니다. 음식을 갖다주신 할머니께서 쟁반을 든 채 물끄러미 우리를 바라보고 계셨습니다. 저와 아내를 한번씩 번갈아 쳐다보시기에 제가 물었습니다. "할머니, 저희 뭐하는 사람 같아보여요?" 그러자 할머니는 한참을 뜯어보시더니 "금은방 주인같아." 라고 하셨습니다.

아내와 저는 마주보고 웃었습니다. 그때만 해도 금은방은 부의 상징이었습니다. 개척 교회를 하느라 가난하고 힘든데 할머니 눈에는 금은방 주인처럼 넉넉한 사람으로 보였으니 참으로 감사했습니다. 우리는 마음만은 부자였습니다. 할머니께 감사인사를 드리고 돌아서는 마음이 참 행복했습니다.

세상에 있는 모든 좋은 것, 어려운 것, 슬픈 것은 대부분 백 년 안에
다 끝이 납니다. 그러나 우리에게는 영혼이 있습니다. 지금 환경이
어떻든지 분명한 구원의 확신과, 천국에 대한 꿈만 있으면 세상을
초월하여 살 수 있습니다.
고난이 극심해질지라도 항상 기뻐하며 쉬지 말고 기도하고 범사
에 감사합시다. 우리는 넉넉히 이깁니다.

<u>20</u>

# 가을
## 문턱

하늘이 환하게 웃으니
과수원 과일들 색색의 얼굴로 영글고
들녘 벼이삭 속살 가득 채우니
길 옆 코스모스도 하늘 향해 춤추네요

가을 문턱에서 봄부터 땀 흘린 농부의 수고
보람으로 돌아오네요

쉼 없이 노래하는 매미들
심는 대로 거두는 흙 가슴
열매 맺는 나무들 매 맞는 계절

의의 열매 맺다가 박해 받아도
쓸모없이 찍혀버리는 나무보다 낫지요

십자가 지는 삶, 수난길도 감사하며 가겠습니다

가을은 본성이 드러나는 계절입니다. 나무들은 갓 싹이 날 때도, 때로는 여름이 되어 잎이 무성해도 어떤 나무인지 잘 알 수가 없을 때가 있습니다. 그러나 가을이 되어 열매를 보면 단박에 알 수 있습니다. 나무는 열매로 자신을 다 표현합니다.

인생에 나타나는 현상도 이와 마찬가지로 봄, 여름에 어떻게 살았는지 가을에 열매를 보면 알 수 있습니다.

인생에도 유년, 청년, 장년, 노년, 이렇게 사계절이 있습니다. 봄과 여름의 수고에 따라 인생의 노년이 결정됩니다. 사계절을 지내고 난 후 인생의 끝은 처음의 모습과 같습니다. 갓 태어나 누워있는 아기들이 미래에 어떤 사람이 될지 아무도 모르는 것처럼, 요양원에 누워계신 어르신들도 그분들이 과거에 어떤 일을 하셨는지 현재의 모습만 보고는 알 수 없습니다.

당신은 지금 어느 계절을 살아가고 있습니까?
봄, 여름, 가을, 겨울, 자신의 때를 잘 살펴봅시다. 때에 맞는 아름다운 열매를 맺고 세상을 아름답게 만들어 봅시다.
수확의 때, 감사의 기쁨을 맛볼 것입니다.

소망/내 속에 있는 빛

# 함께
## 가자

거룩과 평화의 상징 예루살렘아
누가 그곳 머물기에
악한 도성이 되었느냐

전능자 은혜 입은 이들
소복이 모여 살게 했는데

어쩌자고 이 지경이 되었느냐

암탉이 병아리 품듯 품은 은총
어쩌자고 거절하여
사탄의 소굴 저주의 심판 불러 왔느냐

자자손손 내려가는 배은망덕 죄
듣고 보지 못했느냐

시기 질투 아집 고집 다 버리고
화합 화평 아름안고
영원한 낙원으로

함께 가자

예수님은 박해가 있는 줄 알면서도 예루살렘에 올라가셨습니다. 그 곳에서 군병들에게 잡혀 결박 당하고, 십자가에 달리게 될 줄을 알면서도 예루살렘에 올라가셨습니다. 그리고 "예루살렘아, 예루살렘아" 부르시며 안타까운 마음을 표현하셨습니다.

예루살렘은 하나님이 축복한 장소입니다. 그러나 예루살렘은 타락했고, 그곳에 거하는 모든 사람이 저주를 받았습니다. 주님이 예언하셨습니다.

내가 진실로 너희에게 이르노니 돌 하나도 돌 위에 남지 않고 다 무너뜨려지리라 마24:2

오늘날 교회와 성도들의 모습을 보았습니다. 한국교회는 하나님께 많은 복을 받은 예루살렘과 같습니다. 그런데 삼삼오오 무리를 이루어 다투는 모습이 보입니다. 거룩함을 유지하고 세상을 리드하며 나아가야 할 무리가 서로 화합하지 못하고 세상 법과 권력에 판결을 위임하기도 합니다. 이런 모습들은 예루살렘의 타락을 떠오르게 합니다. 하나님의 심판이 얼마 남지 않은듯한 위기도 느껴집니다.

여러분, 지금은 다툴 때가 아닙니다. 함께 한 길로 가야 할 때입니다.

갈릴리 호숫가, 여리고 성의 누림을 바라기보다 예루살렘으로 가
신 주님을 따라갑시다. 박해가 있는 곳으로, 십자가 지는 그 길로 함
께 가야 합니다. 구원을 다 이루었다고 말씀하신 그 자리로 함께 나
아가야 합니다. 교회는 나누어질 수 없습니다. 성도도 나누어질 수
없습니다.
오로지 예수님만을 따라가야 합니다.

22

# 행복을
# 담으소서

까만 밤 지나면
동녘의 붉은 해 솟아나는 것이
창조의 원리

밤을 빛으로
낮을 암흑으로 만드는 이
누구일까?

자연의 색깔 돌려주어
밤은 밤 되게 하고
낮은 낮 되게 하자

조물주 만드신
빛과 어둠의 순리대로

영혼과 육체의 균형
사랑, 겸손, 덕 담은

깨끗한 그릇
행복을 담으소서

사람들은 가슴 속에 저마다 담고 사는 것이 다 다릅니다. 그 가슴에 담고 있는 것에 따라 표정도, 인생관도 달라집니다.

누군가는 근심을, 누군가는 사랑을, 누군가는 행복을 담습니다.

마음 속에 행복을 담고 싶다면 먼저 행복의 주인을 만나야 합니다. 그러면 행복이 가슴에 소복이 담깁니다. 밤엔 단잠을 자고, 아침이면 상쾌하게 일어나 건강하게 일할 수 있습니다. 아름다운 자연을 만끽하며 살아갈 수 있습니다.

그런데 요즘은 모두가 밤낮없이 돌아갑니다. 밤이면 사람도, 짐승도 고요한 어둠 속에 잠을 청해야 하는데 너무 불이 밝아서 나무도 잠을 자기가 어렵습니다. 나무의 수명이 점점 짧아질 뿐 아니라, 밤에 나무둥지에 비치는 빛 때문에 새들이 알을 낳을 수 없게 되고, 높은 탑과 빌딩의 불빛 때문에 밤에 이동하는 새들이 길을 잃기도 합니다.

사람도 그렇습니다. 불면증에 밤잠이 쫓겨난 사람들은 피곤에 붙잡혀 낮에 정상적인 생활을 할 수 없습니다.

자연에 순응하는 것이 사람이나 생물에게는 참 중요한 일입니다. 밤에는 단잠을 자고, 낮에는 일하는 것, 영적인 사람은 영적으로 살아가고, 육체는 하나님의 창조의 원리에 따라 살아가는 것, 한 남자는 한 여자와 그 모습 그대로 유지하며 살아가는 모습이 이 땅에서 가장 아름답고 행복합니다.

마음의 그릇에 하나님이 주시는 가치관과 지식을 먼저 담아봅시다. 사랑과 겸손과 덕이 넘치는 행복의 사람이 될 것입니다.

## 23

# 본향을
# 생각하며

산천초목 아름다우나
영원하지 못하니
흐르는 물처럼 지나가겠구나

든든한 울타리 좋아 보이나
나그네 인생
잠시 머물다 떠날 곳 매력 없구나

이주노동자 힘겨워도
가족 만날 기대로 행복하듯
하늘시민 된 나 지상 나그네
그 나라 면류관 기대하며
분초 아끼며 열심히 살리라

나의 날 얼마나 남았든지
본향을 사모하니
사후(死後)의 누림 기대되는구나

황진이의 시조 하나를 떠올려봅니다.

> 산은 옛 산이로되 물은 옛 물이 아니로다
> 주야(晝夜)에 흐르거든 옛 물이 있을손가
> 인걸(人傑)도 물과 같도다 가고 아니 오는 것은

이 땅에 있는 것들은 잠시 있다가 없어집니다. 훌륭한 사람도 언젠가는 흙으로 돌아가고, 엄청나게 화려하고 좋아보이던 것도 유행이 지나기 마련입니다. 그래서 사람들은 현실에 집착하기보다 차츰 미래에 대한 계획을 세웁니다. 이주노동자들이 이곳에서의 삶에 만족하지 않고 언젠가는 고향으로 돌아가 가족들과 함께 잘 살기 위한 계획을 가지고 살듯이, 사람은 더 나은 내일을 위해 살아갑니다.

인생의 본향인 천국이 없다고 생각하는 사람은 이 땅에서 잘 먹고 잘 살기 위해 최선을 다할 것입니다. 그러나 구원을 받고 천국의 소망을 가진 사람은 모세와 바울이 간 그 길을 갈 수밖에 없습니다.

모세는 공주의 아들로서의 명예와 누림을 포기했습니다. 히브리 백성과 함께 고난을 당하면서도 본향을 생각하며 고난의 길을 선택했습니다.

본향을 사모하는 사람은 아무리 힘들고 어려워도 끝까지 견디며 믿음을 지킵니다. 좌절하지 않습니다. 자살은 꿈도 꾸지 않습니다. 물질주의자가 되지도, 쾌락에 빠지지도 않습니다.

우리가 어머니의 태중에 있을 때는 이 세계가 있는 줄 몰랐듯, 이 땅에서의 삶을 마친 후 가게 될 본향은 지금 보이지 않습니다. 그러나 우리의 육체가 무너질 때 우리가 가게 될 곳은 천국입니다. 비록 그 길이 좁은 길이라도 변함없이 소망은 있습니다.
이를 믿으면 모든 순간이 기쁨입니다.

사랑

겸손

덕

담은

깨끗한

그릇

행복을

담으소서

# 자유의
## 씨

나라 잃은 서러운 방랑자
독립의 한 품고
임시정부 만들어
자유의 씨 심었구나

빛바랜 태극기 품은 가슴
애족의 용광로
분노의 폭발물 되어
일본의 지도자 향해 터졌구나

애국을 애타게 외치다
독립의 불쏘시개 된
거룩한 독립투사

자유대한의 가슴에
영원히 머물러라

언젠가 중국 상해를 여행한 적이 있습니다.

대한민국 임시정부가 있었던 곳에 가서 우리 민족의 걸음 걸음을 되새겨 보았습니다. 빛바랜 태극기를 보니 조상들의 설움과 애환이 보이는 것만 같았습니다. 안중근 의사의 애끓는 몸부림, 윤봉길 의사의 용기, 나라 잃은 백성의 방황과 아픔과 서러운 눈물이 몸 속 깊이 배어들었습니다.

지금도 우리 민족의 전쟁은 끝나지 않았습니다.

일제시대 위안부 할머니들의 치유받지 못한 고통, 독도 영유권 문제 등 우리는 지금도 역사의 아픔을 곱씹고 있습니다.

그때의 수고와 헌신이 헛되지 않도록 나라의 소중함을 생각하며 기도하고 기억해야 하겠습니다.

# 치료의
## 방법

사랑 품은 가슴에
미움의 행실 떠나면

풍년을 소원하나
흉년 기도하는 엘리야 마음
공의의 하나님 이해되지요

아파서 며칠 먹지못한
아들 안고 병원 도착하니
허기 채워주지 않고
금식 시키는 의사 누가 나무랄까요

음식보다 중요한 것
거룩과 건강이니

영육 살리기 위해
세상 지식 금식하는 것이
치료임을 알아야
범사에 감사한 맘 가득하겠지요

"항상 기뻐하라, 범사에 감사하라"

이 말씀을 한 바울 사도는 범사에 감사할 조건이 없었던 사람입니다. 주의 일을 하느라 감옥에 가고 매도 맞았지만 그 모든 것이 하나님 나라의 면류관이 될 것이라는 믿음으로 범사에 감사했습니다.

하나님이 주신 모든 환경은 감사의 조건입니다. 자녀를 사랑하는 어머니는 '징계'로 사랑을 표현할 때가 있습니다. 엘리야는 하나님이 사랑하시는 그 마음으로 이스라엘을 사랑했기 때문에 이 땅에 흉년을 달라고 기도할 수 있었습니다. 그 결과 3년 6개월 동안 이스라엘에 비가 내리지 않았습니다. 이처럼 사랑이 때로는 미움으로, 때로는 연단으로, 어려운 환경으로 나타납니다.

특수부대가 고된 훈련을 거치는 이유는 전장에 나갔을 때 생명을 지켜내기 위해서입니다. 훈련은 힘이 들지만 성숙한 마음으로 보면 그 의미가 보입니다. 고된 환경은 바로 사랑입니다. 이를 깨닫고 나면 하나님이 주시는 모든 환경을 사랑하는 마음으로 이겨낼 수 있습니다. 그래서 성경을 읽어야 합니다.

하나님을 사랑하는 자 곧 그의 뜻대로 부르심을 입은 자들에게는 모든 것이 합력하여 선을 이루느니라 롬8:28

하나님이 보시기엔 모든 것이 선으로 가는 길목입니다. 고난이 오면 기도하고 즐거운 일이 있으면 찬송합시다.

넉넉한 마음이 세상을 이깁니다.

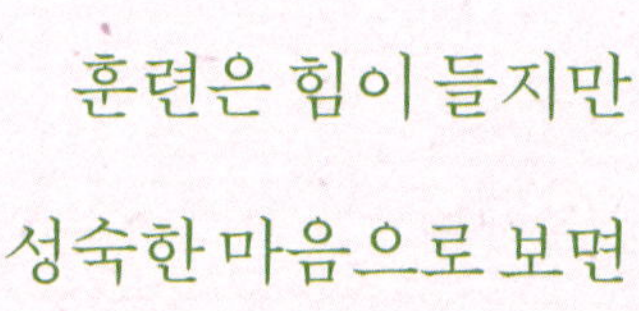

훈련은 힘이 들지만

성숙한 마음으로 보면

그 의미가 보입니다.


고된 환경은

바로 사랑입니다.

# 주님의 마음에
## 온몸 담그고

섬김, 주님의 마음에
온몸 담그고
소유보다 베풂의 비전을 가지라

겸손한 섬김의 사람
당신이 머무는 곳 화평 있고
생수와 산소 같은 맑음 있어
속하고 싶은 이 많아지리라

도움을 구하고
이해를 구하며
이웃에 짐 지우지 말자

자기 성찰 더불어
자기 십자가 지고
행복의 정원을 가꾸자

사랑의 주인께 속해
긍휼의 마음 흘려보내며

영혼구원의 횃불 높이 들어
세상의 소금과 빛
사명 다해 보자

섬김과 나눔은 비움에서 시작됩니다.

세상에 속한 우리들은 더 많이 갖고, 더 높아지고 싶습니다. 이것은 타락한 인간이 가진 본능입니다. 섬김과 나눔을 실천하려면 본능을 거스를 수 있는 에너지가 필요합니다. 그 에너지의 근원은 바로 예수님이십니다.

우리에게 있는 하나님의 영, 곧 성령의 역사가 섬김과 나눔의 에너지입니다. 우리나라에서 사회사업을 하고 복지를 실천하는 곳을 보면 기독교에 뿌리를 둔 곳이 절반 이상입니다.

참 회개하여 성령을 받고 성령의 인도를 따르면 그 자체가 섬김과 나눔으로 나타납니다. 잘 해야겠다고 힘쓰기 보다 성령에 온 몸을 맡기면 그 영의 인도하심을 따라 갈 수 있습니다. 이는 마치 물 속에서는 온 몸에 힘을 빼야 자유롭게 수영할 수 있는 것과 같습니다. 예수님을 닮으면 제자의 발을 씻기며 공치사하지 않습니다. 진정한 사랑에서 우러난 섬김이 나타납니다.

섬겨라, 나누라, 강조할 필요 없습니다. 진정한 비움, 그리고 베풂은 하나님의 영에 의해서만 가능합니다.

# 27

## 말하지마

고맙다 말하지마
서운하다할까 두려우니

사랑한다 말하지마
미워할까 두려우니

이제는 저 바위처럼
풍우(風雨) 이긴 사람으로
묵묵히 동행하자

이제는 저 바다처럼
숱한 오물 다 들어와도
짠맛을 잃지 않는
지조있는 사람으로 동행하자

이제는 영원을 사랑하는
신령한 사람으로
핍박과 고통도 감사하는
사람다운 사람으로 살아가자

우리의 마음이 마음대로 되지 않을 때가 있습니다. 내면의 세계가 복잡할 때, 그 마음을 자꾸 표현하다 보면 '나쁘다, 싫다, 힘들다' 같이 부정적인 말들이 계속 오가고 때로는 그 말이 주위 사람들에게 상처를 주기도 합니다. 그런 마음은 바람에 흔들리는 나뭇잎 처럼 환경에 많은 영향을 받습니다.

그럴 땐 차라리 말을 아끼는 것이 좋습니다. 부정적인 것을 표현하면 그 사람뿐 아니라 가정, 사회, 주위 사람도 함께 힘이 들고 아픕니다.

바다처럼 모든 것을 품고, 바위처럼 묵묵히 견뎌봅시다.
때론 좋은 것도 절제하고 나쁜 것도 이해하며 오래 기다려 봅시다.
묵묵히 주님과 동행하면 모든 것이 감사의 조건입니다.

정말 아름다운 세상은

가난하거나 부하거나

상관없이

자족할 수 있는 세상

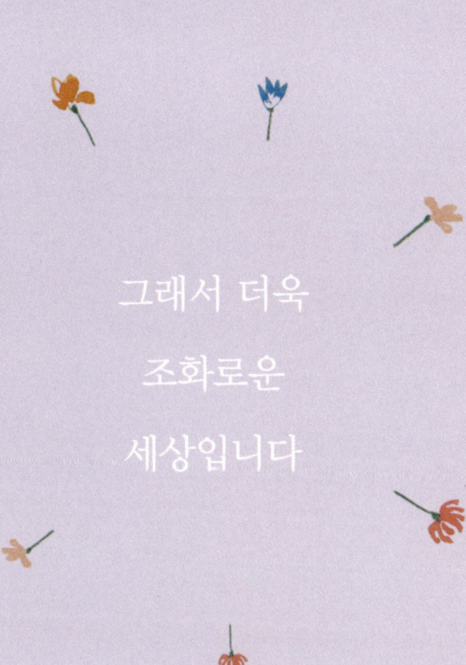

그래서 더욱

조화로운

세상입니다

# 사랑의
## 능력


생명으로 사망을 이긴 부활
사랑의 능력 임하였구나

마른 땅 연한 순
가냘픈 주님의 육체
십자가 밑에서 신음하고

골고다 길 흘린 땀방울
택자의 고통 씻어내고

십자가 위 흘린 보혈
새 생명 살려내는
생명수 되었구나

누구도 흉내낼 수 없는
부활의 영광, 기쁨의 능력

말세의 징조에 일어나는 두려움
빛의 권세로 조용히 잠재우고

세계 속에 흩어진 디아스포라들
대적의 인봉 떼고
굳게 닫힌 돌문 열어

다시 사신 예수로 영생의 복 누리소서

세상의 그 누구도 따라할 수 없는 날이 있습니다. 바로 부활의 날입니다.

수많은 탄생이 있지만 다시 태어난 사람은 아무도 없습니다. 부활 후 빈 무덤은 기독교만이 가질 수 있는 영광이며 축복입니다.

부활의 신앙 없이 예수님의 삶을 보면 고통과 서러움과 좌절만 가득하지만 부활의 신앙이 있으면 이 모든 것들은 상급과 누림의 과정입니다. 탄생도, 고난도, 많은 군중들에게 정죄받고 십자가에 달리신 사건도 모두가 부활로 가는 길목에 있습니다.

예수님의 발자취 전부가 행복의 길입니다.


십자가의 고통은 한 알의 밀알이 땅에 들어가서 썩는 과정입니다. 이 과정을 거치면 생명의 열매를 맺습니다.


부활의 첫 열매가 되신 예수님을 따라서 우리도 부활의 믿음을 가집시다. 세상 모든 것이 따뜻하게 보이고 고난이 와도 소망이 있을 것입니다.

부활을 믿으면

예수님의 발자취 전부가

행복의 길로

보입니다.

# 한 송이
## 꽃 되어

만나면 반갑고 헤어지면 보고픈 당신아
하늘 빛 받고 눈물 삼키고 새봄 호흡하는 때
고난의 길 순례자로 피뿌림의 좁은 길
사망 이겨 생명을 싹튀워 보자

자녀까지 주신 사랑 그토록 많이 받고도
감사 자족 없이 영혼의 장님되어
대낮도 더듬음 그 어찜인가

사랑하는 당신아, 행복한 당신아
군중이 외면해도 하늘에 걸린 십자가 보려무나
사랑과 공의 행복의 강수되어
당신의 가슴 속 흘러들어라

이젠 서로 사랑을 호흡하자
당신의 맑은 눈 속 피어나는
한 송이의 꽃이 되고 싶다

예수님은 한 송이의 꽃입니다.

보혈 사랑으로 피어난 거룩한 생명의 꽃입니다.

당신은 한 송이의 꽃입니다.

그리스도인의 향기를 담은 사랑의 꽃입니다.

꽃에게 향기가 있듯 사람에게는 사랑이 있어야 매력이 있습니다.

그동안 머물러 있었나요.

지금부터 사랑을 지니고, 예수 그리스도 안에서 호흡해보세요.

가슴 속에 행복이 스며듭니다.

# 시선이
## 머무는 곳

눈이 부시도록 빛나는 꽃
귀엽고 예뻐서 조금 다가서니
조화의 신비, 아름다움이 호흡한다

보이지 않는 뿌리
여린 모습으로 선 대궁
오목조목 손 색색의 고운 잎
예쁜 얼굴 가지런히 받치니

벌 나비 춤추고
길손의 발길도
시선도 멈춘다

가슴에 배어드는 꽃향기에
나도 어느새 벌 나비 되어
자연 만드신 분 속에서
행복을 길쌈한다

어느 날 꽃밭에 갔다가 꽃들의 아름다움에 취해 하염없이 바라보았습니다. 벌 나비가 춤을 추며 기웃거리는 꽃을 가만히 들여다보았습니다. 꽃잎 하나하나가 다 다르게 생겼습니다. 꽃받침, 꽃잎, 암술, 수술 이 모든 것이 신비스러울 만큼 아름다운 조화를 이루었습니다.

이 아름다운 꽃이 어디서 왔을까 생각했습니다. 한 송이의 꽃을 아름답게 피우기 위해 양분을 나른 꽃대, 보이지 않는 땅 속에서 희생한 뿌리가 있었겠지요.

인생도 사회도 마찬가지입니다. 꽃의 뿌리처럼 수고하고 헌신하는 사람들이 많이 있었기에 지금껏 성장하고 아름다운 사회가 되었습니다.

나타나는 것 중에 드러나지 않는 것을 기억하며 다시 한번 감사했습니다.

키

# 평
## 강

메마른 땅에 단비 내리고
목마른 자에게 생수 주고

두려워 하는 자에게
평강을 주시는 주

말씀으로 창조하신 세계
말씀으로 필요 채우시고

죽은 자 불러내며
귀신을 쫓으시고
병자도 말씀으로 치료하신 주

택자에게서 고난과 질병
울적한 마음 쫓아내고
평강 주심 감사해요

이젠 사랑하며
행복을 노래해요

온 누리에 빛과 소금되어
어둠 몰아내고 부패 방지하여
거룩한 사명 감당할래요

목마른 사람이 물을 찾고 메마른 땅은 단비를 갈구합니다.
제자들이 예수님을 떠나보내고 두려워서 문을 닫고 있을 때 예수님이 찾아오셨습니다. 두려움에 떨던 이들에게 제일 필요한 것은 평안함이었습니다. 예수님은 그 사실을 아셨습니다.

예수께서 친히 그들 가운데 서서 이르시되 너희에게 평강이 있을지어다 하시니 눅24:36

예수님은 우리의 필요를 채워주십니다. 귀신이 들린 사람에게는 찾아오셔서 귀신을 쫓아주시고 앉은뱅이, 귀머거리, 병든 자의 병을 치료해주시고 인생을 회복시키십니다.
오늘을 사는 우리에게 가장 필요한 것은 무엇일까요. 역시 평강이 아닐까 합니다. 마음에 평안이 있으면 육체도 건강하고, 상대에게 따뜻한 말을 건네는 너그러움과 여유도 있습니다.

평강의 주인이신 예수님을 만나봅시다. 성령님이 주시는 아홉 가지 성품을 가슴에 다 안고 성령의 감동을 따라 받은 평강을 나누어 주는 여유를 가져봅시다.

주님이 주시는 평강이 오늘도 우리를 행복으로 인도할 것입니다.

어머니 닮아
노인 사랑하고
기다리는

# 아비목회의 길

오 늘 까 지

걸 어 왔 습 니 다

# 초
# 대

칠흑빛 삼키고 환한 빛 보내어
행복의 정원으로 초대하심을 느끼는가

진리로 자유 주시고
죽을 생명 살려내 영생에 접붙이는
주님의 사랑을 체험하는가

눈물의 기도 속에 배어나고
사랑의 불꽃 통해 성숙하는
거룩한 인격을 맛보는가



남의 죄 용서하고
하나님의 뜻 이루기 위해
한 알의 밀알 되겠다는
성령충만을 보는가

욕심과 아집에 결박된 자아의 종 되어
상실과 분노의 잔 기울이고
복수의 칼 갈고 있지는 않는가

이젠 십자가 보혈의 능력
죄 씻기신 그 크신 은총에
감사만 올려드리세

인생의 가장 행복한 초대는 우리를 지으신 전능자로부터의 초대입니다.

하나님께 초대를 받아서 가다보면 여러가지 사건들이 일어납니다. 진리의 초대를 받은 사람들이 가는 길은 좁습니다. 그 길을 갈 때는 시기를 받기도 하고 의로 인하여 박해를 받기도 합니다.

그러나 행복하고 영원한 곳이 있음을 알기에 믿음으로 그 길을 갑니다. 눈물이 흘러도 십자가를 지는 것이 하나님께 초대를 받은 우리의 길입니다.

반면에, 어둠의 세력에 초대받은 사람들도 있습니다. 그들은 분쟁을 일으키고 원망하고 불평합니다. 갈등을 부추기며 조화를 깨뜨립니다.

그러나 정말 아름다운 세상은 가난하거나 부하거나 상관없이 자족할 수 있고 그래서 더욱 조화로운 세상입니다. 부자와 서민, 큰 교회와 작은 교회, 권력자와 피지배자가 나뉘어 서로 대립하는 것은 위험합니다.

대립하지 않기 위해 우리에게 필요한 것은 다양성의 인정입니다.
가장 조화로운 예는 초원입니다. 큰 나무, 작은 나무가 함께 어우러
지고, 사나운 짐승과 순한 짐승이 마음껏 뛰어 놉니다.
들꽃과 바위도 자기 자리가 있고 목마른 짐승은 물 웅덩이에 와서
갈한 목을 축입니다. 모두가 공존할 때, 가장 아름답습니다.

하나님의 초대를 받은 우리들이 먼저 탐욕과 분쟁의 요소를 떨쳐
버리길 바랍니다. 각자의 삶에 자족하고 서로를 존중하며 조화를
이루어가면 누림이 갑절이나 더하게 될 줄 믿습니다.

33

# 바람을
# 보다

보이는 것만 믿는단다
영혼 보이지 않으니 없단다
심장 보이지 않으니 없는가

바람, 보이지 않으나
바닷물을 뛰놀게 하고
나무들을 쓰러뜨리고
길손의 우산 망가뜨린다

흔들리는 나무
바람의 세기를 가늠케 하니
배는 방파제로 몸 숨기고
사람들은 창문 닫고
집에 안식한다

보이는 것만 믿는 이들
신도 영혼도 바람도
부정하는 것 정상일까

영혼이 있어 찬양하고
성령이 있어 아름다운 싱품
안 보이는 믿음 보는 눈 열린
당신은 참 지혜자로구나

더운 날에는 참 바람이 기다려집니다.
기다리는 바람은 눈에 보이지 않습니다. 그러나 나무가 흔들리고
바닷물이 춤추고 낙엽이 날리는 것을 보면 바람이 불어오는 것을
알 수 있습니다. 눈에 보이지 않지만 나타나는 현상을 보고 누구나
바람의 존재를 믿습니다.

가끔 우리 주변엔 보이지 않으니 신을 못 믿겠다는 사람들이 있습
니다. 그런데 사실 보이지 않아도 자신의 자리에서 제 역할을 다하
는 것들이 있습니다. 보이진 않지만 심장도 뛰고 있습니다. 그 사람
이 나를 향해 걸어오는 것이 바로 그 증거입니다.

우리는 나무가 흔들리는 것을 보며 '아, 바람이 있구나.'
교회가 성장하는 것을 보며 '아, 하나님이 살아계시는구나.'
예수님을 믿고 변화된 삶을 사는 사람을 보며
 '아, 거룩한 성령의 역사하심이 있구나.'
깨닫는 지혜자가 되기를 소원합니다.

눈에

보이지 않지만

누구나

바람의 존재를

믿습니다.

34

# 꺾이지
# 말라

한 번 태어난 인생
생로병사의 터널
피할 수 없는 길
당신은 왜 서둘러 가나

꽃 피우며 봄 누리고
한 나무의 잎 피우고
여름 지나 가을 되면 화려함 떠나갈 텐데
왜 굳이 여름 낙엽 되려나

누군가 당신의 행복의 가지를 흔들어도
꺾이지 마라

힘들면 요새를 찾아가
열린 하늘 문을 보라
죽을 용기로 살아보라
지혜로운 당신아

"포기하지 마세요!"

삶을 포기하려는 사람에게 한 마음으로 외치는 소리입니다.

하나님은 사람의 목숨을 소중히 보존하게 하시려고 사람 몸 안에 여러 가지 신비한 작용들을 만들어 놓으셨습니다. 사람의 몸에 있는 근육 중에는 사람의 마음대로 움직일 수 있는 근육이 있고, 마음대로 할 수 없는 근육이 있습니다. 이를 수의근, 불수의근이라고 부릅니다. 심장의 근육은 불수의근입니다. 우리가 심장 근육을 향해 "서라!" 고 명령해서 심장이 멈춰버린다면 우리는 감정에 따라 의지대로 죽을 수 있습니다. 그러나 하나님은 사람이 분노, 좌절, 절망과 같은 감정에 휩쓸리지 않고 살게 하시려고 심장의 근육을 쉬지 않고 쿵쿵 뛰게 만들어 놓으셨습니다.

각박하고 힘든 사회의 현실을 피하기 위해 자살을 선택하는 사람들이 점점 많아집니다. 우리나라의 자살률은 전세계에서 최상위권입니다.

자살이 전염병처럼 번지는 것을 막기 위해서는 온 나라와 온 교회가 깨어있어야 합니다.

천국에 대한 소망을 가져봅시다. 하나님의 말씀과 성령의 은혜를 의지해 봅시다. 죽고 싶었던 마음을 살고자 하는 용기로 바꾸어 주실 것입니다.

꽃에게 향기가 있듯

사람에게는 사랑이 있어야

매력이 있습니다

그동안
머물러 있었나요

예수 그리스도 안에서 호흡해보세요

가슴 속에
사랑이 스며듭니다

# 겸손과
# 용기


모든 것을 할 수 없다고 생각할 때
인생의 연약을 깨닫고
창조주의 능력 의지하며
할 수 있다는 믿음으로 도전한다

칼자루를 쥐었다
하면 된다는 확신이 왔을 때
진리 안에 합당한가
사람에게 유익을 주는가 묻고
신중히 절제와 겸손의 여유를 가져보라

권력의 때도 지나가고
자기 중심으로 살던 날도 지나간단다

섬김의 낮은 곳
바른 역사와 공의를 겸비한 자가
진정 용기로 세상을 바꾸리라

진정한 용기는 어디에서 올까요?

새싹이 흙에서 양분을 받아서 나오듯, 진정한 용기는 하나님을 믿는 믿음에서 나옵니다. 비록 혼자라 할지라도 전능하신 하나님이 나를 도와주심을 믿을 때 강하고 담대할 수 있습니다.

바울 사도와 같은 위대한 전도자들은 매일 매일 죽을 각오로 복음을 전했습니다. 죽을 각오를 할 수 있었던 이유는 천국에 대한 믿음이 있었기 때문입니다. 이 땅에서의 삶이 끝나도 상급이 예비된 영원한 천국이 있다는 사실을 알기에 용기를 낸 것입니다.

용기는 하나님으로부터 옵니다. 말씀을 의지하고 행하는 사람에게 기회가 찾아옵니다. 이 사실을 기억하고 환경을 거슬러 늘 승리하길 바랍니다.

# 결혼
## 식장에서

벗꽃처럼 봄을 맞는 몸짓
하늘거리는 드레스는
밝은 조명 속속들이 안는구나

조용한 걸음걸음
정든 아버지의 손에 이끌려
신랑 손 바꾸어 잡았구나

사랑 보호 받은 자녀
희망찬 만남 통해
가시밭 돌짝밭 걸어온 부모님께 감사하며
섬김의 삶 꽃 피워가라

사랑나무 아름답지만
열매는 결코 가볍지 않음을
부모님 얼굴의 주름살 보고
지혜 배우려무나

낙원에서 잠자는 아담의 갈비뼈
신부로 주신 전능자 사랑 알고
뼈 중의 뼈, 살 중의 살이라 고백하며
행복의 안식처 제공하려무나

신랑 신부야!
광야라도 주님과 동행하면
사랑의 샘 마르지 않고
물가에 심기운 나무 된단다

검은 머리 하얗게 바래도록
장수하며 낙원의 백성되어
행복하게 살려무나

결혼은 참 아름답습니다. 문화와 생활이 다른 두 사람이 만나서 함께 살아가고 아이도 탄생합니다.

결혼은 신비입니다. 서로 좋아하는 남녀 두 사람이 자신들의 의지로 만나고 결혼해도 여기엔 늘 하나님의 간섭이 있습니다. 하나님의 섭리와 창조의 신비가 가득한 곳이 가정입니다.

가정이 건강하고 행복하려면, 행복의 주인이신 하나님과의 관계가 잘 유지되어야 합니다. 두 사람이 하나가 되었으므로 믿음과 가치관과 생활까지 함께 하기 위해 많은 이해와 사랑이 필요합니다. 저는 많은 가정의 결혼 주례를 합니다. 그들이 주님 안에서 복되고 행복한 가정이 되길 소원하며 말씀을 전합니다. 제가 주례한 가정들은 우리 부부와 함께 일 년에 한 번씩 모임을 갖습니다. 이름하여 '행복한 부부모임' 입니다.

부부가 함께 참석해서 어떻게 살아가고 있는지, 갈등은 어떻게 극복했는지, 받은 은혜가 무엇인지 나눕니다. 살아있는 간증을 듣고 우리 부부가 살아가는 모습도 보여주며 서로 지혜를 구합니다. 반석 위에 가정이 바로 서도록 교제하는 시간을 갖습니다. 이 행복한 부부모임을 통해, 서로가 힘을 얻고 새로운 다짐을 합니다. 어려운 문제를 안고 왔다가 해답을 얻고 가기도 합니다.

앞으로도 새롭게 탄생하는 모든 가정이, 시에 담긴 축복의 말씀처럼 늘 주님 안에서 평생 행복하게 살기를 기도합니다.

# 네가 사람을
# 취하리라



게네사렛 호숫가
밤이 새도록 수고했으나
빈 배로 그물을 정리하는 이들

쓸쓸한 마음으로 귀가하는 배를
강단으로 쓰신 예수님
"깊은 데로 가서 그물을 내려 고기를 잡으라"

경험과 지식 다 부인하고
오직 말씀에 의지해 던진 그물
찢어질 만큼
두 배 가득 채워진 물고기

어둠에 속한 베드로 자신 보여
무릎 꿇고 인간의 신분 바로 깨닫게 되었구나
"기록된 바 의인은 없나니 하나도 없으며"

이제 영혼을 맡길만한 자
베드로 요한 야고보
주의 제자 되었구나

순종의 길 고난 같으나
영광과 누림이요
많은 사람 옳은 곳으로 돌아오는 길이니

천국 상급 받을 존귀한 자
행복 누리겠구나

사랑에는 메아리가 있어야 합니다. 혼자 하는 짝사랑은 아무런 역사가 일어나지 않습니다.

사랑의 주님이 찾아오셨을 때 우리는 반응해야 합니다. 따라오라 하시면 따라가고, 행하라 하시면 그대로 행할 때 비로소 사랑의 역사가 나타납니다.

제자들은 갈릴리 호수를 누구보다 잘 아는 어부들이었습니다. 그런 그들이 밤새도록 수고해도 고기를 잡지 못했는데 갑자기 예수님이 나타나셔서 그물을 던지라고 했습니다. 그 말씀대로 순종하기엔 힘든 상황이었습니다. 그러나 그때 제자들은 자기들의 모든 경험을 뒤로 하고 예수님 말씀에 순종했습니다. 그리고 그들은 만선의 기쁨을 체험했습니다.

기독교는 기적의 종교요, 체험의 종교입니다. 사랑의 예수님이 계시고, 말씀대로 행하는 사람이 있으면 포도주가 떨어진 혼인잔치에서도 물이 변하여 포도주가 됩니다. 하나님 말씀에 순종하는 것, 그것이 곧 능력입니다.

말씀으로
사랑의 모닥불 피우니

사모하는 여울에
기쁨의 버들잎
피어났습니다

# 생명의
## 기지개

따스한 봄 사랑 호흡하고
앙상한 가지 방긋이 웃으며
생명의 기지개 켜고
파란 싹 토해낸다

산새 한 마리
분주히 움직이고
성질 급한 개나리
꽃 잎 들고 벗은 몸으로
봄 마중 나왔다

꽃과 열매 잉태한
형형색색의 식물들
봄으로 여행길 오른
자연의 신비 앞에

전능자 형상 닮은
인간임을 자부하며
영원의 노래로
행복을 일구어간다

우리는 사계절이 풍성한 좋은 땅에 삽니다. 봄, 여름, 가을, 겨울, 사계절을 한 곳에서 느낄 수 있습니다.

봄이 되면 신비한 일들이 일어납니다. 겨우내 아무 것도 없었던 땅에 파란 싹이 돋아납니다. 죽은 것 같이 파리했던 나무는 생생한 초록잎을 움틔웁니다. 생명이 기지개를 켜는 모습에 절로 탄성이 나옵니다.

자연은 사랑을 듬뿍 받을 때 더욱 자신의 개성을 드러내며 행복한 꽃을 피우고 열매를 맺습니다. 그런데 때로 우리의 삶은 아름답고 신비한 봄 풍경을 느낄 수 없을 만큼 삭막합니다.

여유를 가져봅시다. 잠시 눈을 들어 산을 바라봅시다.

소나무, 밤나무, 단풍나무가 각자의 자태를 뽐내고 바위 밑 숨은 곤충, 목 축이는 작은 산짐승이 왕래하는 신비한 자연이 눈 앞에 있습니다. 그 모든 만물 속에 심어두신 하나님의 사랑을 만끽해봅시다. 이제 봄입니다.

모든 만물 속에 심어두신

하나님의 사랑을

만끽해봅시다.

이제 봄입니다.

# 구원의
# 꽃


행복한 성탄
독생자 보내신 아버지의
희생과 사랑 때문이요

말구유도 귀함은
그리스도 그곳에 누이심이라

천군 천사의 합창
동방박사와 목자 찾아옴은
별과 천사의 계시로구나

하나님의 빛 사랑
형체 입고 오신 예수
헤롯의 어둔 가슴 소동하고
칼끝에 묻어나는 아이들의 피
순교자의 피 되나

인간의 생각 아시는
전능자 인도하여
어둠이 사망하고
빛이 살아나누나

행복한 성탄
인류의 구원의 꽃
온누리에 활짝 피어나리라

하나님이 세상을 이처럼 사랑하사 독생자를 주셨으니 이는 그를 믿는 자마다 멸망하지 않고 영생을 얻게 하려 하심이라 요3:16

하나님의 단 하나뿐인 아들, 예수님이 이 땅에 오셨습니다.
그를 보내신 하나님 아버지의 마음은 어떠셨을까요? 자녀를 군대에 보내 본 부모라면 그 심정을 조금은 이해할 수 있을 것입니다. 고생스런 훈련을 생각하면 눈물부터 나오는 것이 부모의 마음, 부모의 사랑입니다.

그런데 하나님은 예수님을 말구유에, 죄인들 속에 보내셨습니다.
십자가 죽음이 기다리고 있는 곳에 사랑하는 아들을 보내실 만큼 우리를 사랑하셨습니다.
이 사실을 깨달으면 끝없는 사랑에 대한 감사가 넘칩니다. 한량없는 은혜와 구원의 가치를 깨닫습니다.

은혜를 아는 당신, 친히 낮아지신 예수님을 닮아 그늘진 곳과 소외
된 사람들에게 사랑으로 다가가는 것은 어떨까요?
하나님이 기뻐하시는, 행복한 일들이 당신의 손을 통해 피어날 것
입니다.

# 뜻을
## 정하세요

인생길 목적지
당신은 알고 있나요

인생이 무덤에서 끝난다면
짐승과 무엇이 다른가요

누가 천국과 지옥이 없다고 하던가요
천국과 지옥은 있어요
하나님께서 말씀하셨어요

독생자 보내어
영생 길 초청하셨어요

믿으세요 예수님을
망설일 것 없어요

인생의 목적을 알지 못하면
삶을 너무 낭비하는 거예요

목적지를 바라보세요
뜻을 정하세요

‘저 높은 곳을 향하여 날마다 나아갑니다’

가슴을 울리는 찬송입니다.

사람은 항상 어느 곳으로든 향해 갑니다. 저는 한 교회에서 40년 가까이 목회를 하다 보니 며느리가 시어머니 되는 모습도 지켜보았고, 그 세월만큼 열심히 살다가 떠난 사람들도 많이 보았습니다.

가끔 분주히 다니다 보면 하늘을 보지 못하고 현실에만 집중할 때가 있습니다. 그러다가도 천국 가시는 분들의 마지막 모습을 볼 때 다시 한번 자신을 추스르고 시선은 하늘을 향합니다. 한 성도 분은 임종 직전에 그 나라를 보고 와서 제 손을 꼭 잡고 말했습니다.

“목사님, 그 나라가 좋아요.”

계시록에 나타난 눈물 없고 한숨 없는 곳, 그분들은 그 나라를 보았습니다.

이 땅에서는 잠시 만났다가 헤어지는 우리, 어디로 가고 있는지 목적지를 생각해 봅시다.

내 옆에 있는 사람이 영원한 천국을 모른다면 그 나라가 좋다고 말해 주어야 합니다. 나그네와 같은 인생길, 참 목적지를 향해 가도록 예수님의 사랑을 전해봅시다.

저는 마지막 순간에 천사와 같이 행복했던 그 성도의 얼굴이 떠오를 때 마다 조용히 이 찬송을 부릅니다.

'저 높은 곳을 향하여'

믿음/ 닻을 올리고

<u>41</u>

# 당신은
## 소중해요

밤잠 쫓아버리고 멍하니
자신과 싸우다 충혈된 눈
우울증에 시달리는 자야

열린 창문만 보아도
새처럼 날아보고 싶은 충동
깜빡거리는 거리에 나가
약봉지 찾는 자
슬픔에 결박되었구나

행복한 선로에서 탈선된 삶
죽고 싶은 이 길에서
누가 건질 수 있으랴

미인도 부자도 권력자도
우울증에 결박되었구나

여보세요,
당신은 소중해요
당신은 하나님의 걸작
천하보다 귀한걸요

당신 위해 십자가 지신
예수님 안에서
우울의 사슬이 풀려요

자 이젠, 살 용기를 가져요
행복의 길 향해 몸부림 쳐봐요

1997년, IMF 외환위기 시절에 강남의 한 초등학교 수업시간이었습니다.

불우이웃 돕기를 위해 선생님이 아이들에게 한창 방법을 설명하고 있었습니다. 한 연립 빌라에 사는 아이가 질문했습니다. "선생님, 저보다 불우한 이웃도 있나요?"

그 아이는 고층 아파트에 살고 고급 외제차를 타고 다니는 다른 친구들에 비해 자신이 가장 불행하다고 생각했습니다. 자신도 좋은 동네에 살면서 그보다 좋은 환경만 보고 비교했기 때문입니다.

이것은 비단 그 아이만의 이야기가 아닙니다. 온전하게 자신을 보지 못하면 다른 대상과의 비교의식 속에서 무력감을 느낍니다. 자존감도 점점 상실해갑니다. 비교의식은 삶에 우울함을 만드는 씨앗입니다. 그러나 나에게도 남들이 갖지 못한 것이 있습니다. 우리나라에도 좋은 환경, 좋은 것들이 얼마든지 많이 있습니다.

가난해도, 못생겨도, 병약해도 하나님께서 날 사랑하신다는 사실
을 기억하길 바랍니다. 내가 얼마나 귀한 사람인지를 알아야 합니
다.

우울증에 시달리는 사람은 항상 자신은 불행하다고 생각합니다.
그렇지만 정작 그 사람의 환경은 부족하지 않는 경우가 있습니다.
오히려 가난하고 아픈 사람이 환경을 이기려고 노력합니다. 자존
감이 낮아지고 우울해지는 것은 환경의 탓이 아닙니다.

당신은 하나님이 만든 최고의 걸작입니다.

당신은 행복한 사람입니다. 소중한 사람입니다.

그리스도 안에 있다면 영원한 천국이 바로 당신의 것입니다.

그런 말을 전해주는 사람만 있다면 우울증을 이기고 행복해질 수
있습니다.

당신은 소중해요.

# 포
## 용

꽃밭의 아름다움
형형색색 조화의 소산이요

밤하늘의 아름다움
수없이 많은 천체를
포용함의 산물이요

다름을 용납하고
덕으로 품고 가는
사랑의 사람 통해
좋은 사회 이루어지는구나

남녀노소 어우러진 좋은 가정
진리로 자유하며
전능자 품
십자가 길 지나 낙원 누림으로
소망의 열매 맺어 보자꾸나

봄은 자연의 조화를 이끌어내는 계절입니다.

산은 진달래와 철쭉 리본을 달고, 하얀 할머니 잔디를 밀어낸 새싹은 푸른 빛을 띠웁니다. 담 옆에 선 목련은 하늘 향해 조막손을 하얗게 듭니다.

긴 겨울 참 많이 기다려서일까요. 얼마나 봄이 오는 게 좋았는지 꽃들이 옷도 안입고 뛰어 나옵니다. 진달래도 벚꽃도 잎보다 꽃을 먼저 피웁니다. 산과 들, 봄꽃과 잔디가 함께 있는 모습이 더할 나위없이 아름답습니다.

우리가 사는 사회와 가정도, 자연처럼 조화를 이루면 참 아름다울 것입니다. 큰 사람, 작은 사람, 아픈 사람, 약한 사람, 힘센 사람, 각기 모습은 달라도 한 곳에서 오순도순 지내면 그것이 조화입니다.

교회도 마찬가지입니다. 가난한 사람이 있으니 부한 사람이 나누어줄 수 있고 약하고 장애가 있는 사람이 있으니 그들을 보살피는 봉사자가 있습니다.

사랑이 있다면 모든 걸 감싸안을 수 있습니다. 봄처럼요.

# 중
# 독

자기 중독된 이들
자기만 위한 쾌락과 물질에
몸까지 팔아 버리는구나

일중독 사랑중독
당신은 무엇에 중독되어
당신만의 평안의 시간
잠시도 가지지 못하나요

잠도 새로운 일도
이루지 못하네요

낮이면 복음 전하고
밤이면 기도하며
핍박에도 쉼 없이
아버지 말씀 따라
십자가 상에서 다 이루신 주님

중독에서 빠져 나오는 힘
오직 주님께 의지하는 삶이지요

사람들은 각자 자신이 원하는 것을 좇으며 살아갑니다.

돈을 중요하게 생각하는 사람은 돈이 최고라고 이야기하고, 권력을 좇는 사람은 권력만이 최고라고 이야기합니다. 명예를 사랑하는 사람은 그것을 위해 모든 것을 다 버립니다.

그 좇는 것에 심취한 모양새를 다르게 표현하면 중독입니다. 일 중독, 알콜 중독, 사랑 중독, 그 정도의 차이가 있을 뿐 어찌보면 사람은 다 무엇인가에 중독되어 살아갑니다. 정도가 심하면 비정상적인 행동을 보입니다. 자신의 본분을 잊은 채 좋아하는 것만을 따라갑니다. 중독이 심해지면 자신의 몸을 자기 마음대로 할 수 없는 상태가 됩니다.

한편으로는, 그리스도인이 예수님께 심취되어 살아가는 모습도 중독입니다. 믿지 않는 사람들은 그리스도인을 보고 예수님께 중독되었다고 말하기도 합니다.

유한한 세상의 여러 가지에 심취되어 사는 것보다 복음에 심취되고, 하나님의 말씀에 심취되어 사는 사람들이 더 행복해보입니다. 그리고 정말 행복합니다.

복음에 중독된 사람들은 범사에 감사하고, 항상 기뻐하며 늘 기도하면서 남을 나보다 낫게 여기는 풍성함이 있습니다. 복음에 붙들린 사람들을 통해 행복이 나타납니다.

세상에는 많은 중독이 있고, 해로운 것들도 많습니다. 빠지면 헤어나올 수도 없습니다. 무언가에 중독되어 살아가야 한다면 복음에 붙들려 보는것은 어떨까요.

복음에 심취된, 복음 중독자로 살아봅시다.

캄캄한 칠흑빛 바다라 할지라도

하나님이

나와 동행하시면

항해할 수 있다는

믿음을 가져봅니다.

# 44

# 검은
## 바다





밤은 깊어가나
잠은 점점 멀리가고
텔레비전 애국가도 그쳤다

지진이 일어나
오래된 건물이 무너지고
잔해에 깔려
꿈은 신음하다 죽어간다

칠흑 속 헤치는 자아
희망도 의욕도 사랑도 감사도
세속 바람결에 날아가 버렸다

그러나 삶의 의미 되시는
구원의 주님만은 함께 하사
참된 닻을 올리고
영원한 바다 항해하도록 하신다

요즘은 신문과 TV를 안 보면 머리가 시원할 정도입니다. 뉴스를 보면 점잖은 어르신들이 서로 싸우기도 하고 자기 주장만을 펼칩니다. 참 마음 아픈 부분이 많습니다.

마지막 뉴스가 끝나고 자정이 지난 시각, 잠을 설치며 생각에 잠깁니다. 인재로 인한 피해, 천재로 인한 피해, 여러 가지를 생각하면 걱정이 앞서고 불안합니다.

그러나 불안함 속에서도 다시 성경말씀을 보면 '아, 주님이 이런 일이 일어날 것을 미리 말씀하셨구나.' 상기합니다. 주님께서 말세에는 처처에 기근과 지진이 일어나고 서로 미워하게 되고 불법이 성하므로 사랑이 식어질 것이라 말씀하셨습니다.

역사의 수레바퀴는 하나님이 돌리십니다. 하나님이 일하시는데 우리가 무슨 이유를 대겠습니까. 캄캄한 칠흑빛 바다라 할지라도 하나님이 나와 동행하시면 항해할 수 있습니다.

성경에 욥은 엄청난 환난을 만났습니다. 모든 재산을 잃었고, 종도, 자녀도 모두 잃고 아내마저 욥에게서 돌아섰습니다. 그가 보통의 사람들과 같이 현실과 가정에 붙들려있었다면 그도 역시 무너졌을 겁니다. 나는 버림받았고, 더 이상 건강도 없다고 한탄했겠지요. 그러나 욥은 하나님을 끝까지 의지함으로 그 에너지를 통해 회복했습니다.

우리는 이 땅에서 일어나는 사건 사고를 볼 때 사건을 통해 더욱 거룩하게 살도록 깨우치고, 인간의 연약함을 보게하고, 세상을 더 맑게 하시는 하나님의 계획을 바라봅시다.
시선을 돌리면 사건 속에서도 편안히 잠들 수 있는 여유가 찾아올 것입니다.

# 빗방울의
## 소원

검은 먹구름 품에 안겨
하늘 날다

천둥소리에 귀 열리고
빛에 눈 열리어

물의 사명 다하도록
산악에 보내소서

나뭇잎 첩첩이 쌓인 곳
사뿐히 앉아
땅속 깊이 흘러들어

나무 깨워 새 노래하는 숲 만들고
청산의 녹수되어 산천 키우며
목마른 산짐승 갈한 목 축이고
하늘을 향하게 하소서

빗방울이 하늘에서 우수수 떨어집니다. 어떤 빗방울은 산에, 어떤 빗방울은 아스팔트에, 바다에 떨어집니다. 혹은 도시에 떨어져서 오염된 것을 끌어안고 바다로 들어가기도 합니다.

빗방울의 소원은 무엇일까요? 제가 빗방울이라면 산에 떨어지기를 바랍니다. 먹구름 속에 안겨 다니다 천둥과 함께 떨어지고 어느 산 낙엽 위에 내려앉으면 낙엽 밑 나무의 호흡 따라 뿌리로 흘러들어가 나무를 키워내고, 산천을 키워낼 것입니다. 빗방울의 인생 중 가장 보람찬 일이 아닐까 합니다.

인생도 빗방울과 다르지 않습니다. 세상에 태어나서 여러 환경들을 겪고 정해진 기간 내에 어디론가 떠나갑니다. 인생의 끝이 흙으로 돌아가는 것이라면 동식물과 다를 바 없겠지만 우리에게는 영원이 있습니다. 영원이 있기에 사람을 행복하게 하고 범사에 감사할 수 있습니다.

여러분, 우리도 빗방울과 같이 순수한 소원을 품어봅시다.

힘을 내 봅시다. 행복하게 살아봅시다.

사람들 속에서 깨끗하고 보람있게 살다가 길이요 진리요 생명이신 예수님을 따라서 좋은 곳으로 같이 갑시다.

태풍 심술에도
낙과되지 않고 잘 붙어 있어

햇빛의 사랑
농부의 기쁨
되었구나.

# 태풍을 이긴
## 사과

과수원 사과
못생긴 가지에 대롱대롱 매달려
가을 햇살에 속살 단맛 채우고
불그레 얼굴 붉히는구나

태풍 심술에도
낙과(落果)되지 않고 잘 붙어 있어
햇빛의 사랑 농부의 기쁨 되었구나

한 알의 사과도
가을의 영광 누림은
태풍을 이겨야 하는 것처럼

낙원 가는 길목에 부는 시험 바람
믿음과 진리 인내로 극복하여
영원한 행복 만들어 가자꾸나

사과는 자연 최고의 작품 중 하나입니다.

나무와 태양과 땅과 농부, 이 모든 것의 역할이 어우러져 사과를 만들어 냅니다. 사과나무는 목재로는 쓸 수 없지만 열매를 맺는 나무이기에 농부의 사랑과 보호를 받습니다.

그런데 사과를 수확하기 전에 꼭 태풍이 옵니다. 태풍이 지나간 후, 붙어있는 열매들은 당도 높은 극상품이 됩니다.

우리들의 인생에도 축복이 오기 전에 먼저 시험이 찾아옵니다. 다니엘의 기도가 응답되기 전, 예수님의 부활 전에도 큰 태풍과 같은 시련이 있었습니다. 그러나 태풍을 이긴 열매는 사람을 기쁘게 하고, 나무는 좋은 평가를 받습니다. 끝까지 하나님 말씀에 붙들려서 축복 전에 오는 시험을 살 이겨내길 바랍니다.

하나님을 영화롭게 하고, 자신도 행복해지는 빛의 길을 걸어가길 소원합니다.

# 자라나
# 보자


지혜자여!
하늘은 맑게
땅은 기름지게
산악은 상처 없는 숲이 되게 하자

하늘 빛 내리우면
투명한 그릇에 담아
아름답게 사용하자

자녀는 효도를
형제는 우애를
부부는 사랑을 노래하여
인간의 심성을 오염시키지 말자

남자는 여자로, 여자는 남자로
행복한 가정 꾸려 생육하고 번성하여
하늘 섭리에 순종하자

창조주 없이는 덧없는 인생
만드신 분 뜻대로
한 알의 밀알로 섬김을 실천하자

행복한 이들이여!

서산 마루에 해가 기울면, 마른 짚에 불을 피우고 그 위에 쑥대를 올려 모깃불을 피웠습니다. 캄캄함 속에 빨간 모깃불만이 반짝였고 눈을 들어 하늘을 보면 별들이 무수히 흩뿌려져 있었습니다.

지금부터 한 60년 전, 시골의 여름 밤 풍경은 그랬습니다.

그런데 지금은 볼 수 없는 그 하늘을, 얼마 전 아프리카 세렝게티 초원에서 보았습니다. 어릴 때 보았던 바로 그 하늘이었습니다.

제게는 어릴 때 보았던 맑은 밤하늘의 추억이 있고, 그 때로 돌아가고 싶은 소원이 있습니다. 그런데 우리 아이들에게는 맑음의 기준이 무얼까 생각해보았습니다. 공해 없는 하늘, 맑은 하늘이 무엇인지 점점 더 알수 없게 될텐데 아이들이 맑음을 꿈꿀 수 있을까요?

요즘은 하늘 뿐 아니라 땅도 오염되고 자연도 많이 파헤쳐졌습니다. 비가 오면 순식간에 황톳물이 온 강을 덮어버립니다. 인간이 자연을 훼손한 탓입니다.

훼손되지 않은 하나님이 창조하신 자연 그대로의 상태는 어땠을까요? 하늘은 맑고, 땅은 숲으로 우거지고, 사람들은 서로 사랑하는 세상이었을 것입니다. 그 모습을 그리다가 자라나보자, 돌아가보자, 회복해보자는 소망이 간절해졌습니다.

가정도 자연 못지않게 오염이 되어 기준이 점점 흐려집니다.

옛날에는 아버지를 위해 목숨을 바쳤던 심청이가 효녀의 기준이었습니다. 그런데 지금은 효도의 기준이 무너져갑니다.

부모와 자녀 간에, 형제 간에 서로 다툼이 잦습니다. 남자와 여자가 만나 가정을 꾸려야 하는 것은 너무 당연한데 이를 무시하며 살아가는 모습이 자꾸 나타납니다. 참으로 안타깝습니다. 자녀가 태어날 수 없는 가정은 성립할 수 없습니다. 자연의 이치를 거스르지 않고 남자와 여자가 사랑하며 살아가는 것이 창조의 원리입니다.

우리에겐 지금 자연의 회복, 정신세계의 회복이 간절히 필요합니다. 창조의 원리를 회복해서 대자연의 아름다움을 지켜내는 대한민국이 되실 소원합니다.

# 당신
## 곁으로

새벽에 찾아와 우는 새를
노래하는 새로 바꿀 수 있는가

공중에 먹이 찾는 새를
춤추는 새로 만들 수 있는가

할 수 없는 것 바꾸려 하는 것보다
영생으로 무장된 행복한 마음
사랑스런 눈 가지면
새는 노래하고 춤출 것이다



그리고 다가올 것이다
당신 곁으로

저는 경치 좋고 공기 좋은 군포 수리산 밑에 살고 있습니다. 가끔 우리 집 발코니에는 까치가 찾아옵니다. 까치가 "깟깟" 하는 소리는 늘 다르게 들립니다. 어떤 때는 노랫소리처럼 들렸다가, 어떤 때는 우는 소리로 들립니다.

새에게 무슨 문제가 있나 곰곰이 생각해보다가 문득 깨달았습니다. 모든 것은 내 마음의 문제였습니다. 내 마음이 평화로울 때는 새소리가 노래처럼 들리고, 그렇지 못할 때는 슬픈 소리로 들렸던 것입니다.

늘 바람은 한 방향으로 불고 있습니다. 바람이 어디로 부는가가 중요한 것이 아니라, 돛대의 방향이 중요합니다. 돛대가 어떻게 바람을 받느냐에 따라 배의 방향이 달라집니다.

상대를 바꾸려고 하기보다 내가 먼저 행복해시년 모든 것이 긍정적으로 보입니다. 자꾸만 신경쓰이던 사람과의 관계도 회복됩니다. 심령에 변화가 찾아와 마음에 기쁨이 넘치고 감옥에서도 찬송이 절로 흘러 나옵니다.

새를 변화시키려 하기보다 내가 먼저 변화되기를 바랍니다.

내가 웃으며 다가서면 상대도 웃음으로 화답할 것입니다.

행복한 나에게 새는 노래하며 춤추며 다가올 것입니다.

영생으로 무장한 행복한 마음
사랑스런 눈 가지면

# 새는 노래하고
# 춤출 것이다

그리고 다가올 것이다

당신 곁으로

# 잊지
## 말자

봄 지나 산악 푸른 옷 입고
산새들 노래
꽃들의 합창
나뭇잎 춤추는 때

침략의 마수 통곡의 현장
한탄강도 한강도 눈물강

나라 위해 산화한
국립묘지 영령들을 위로하자

개발과 성장 세월에 밀려
흔적조차 사라져도

6·25를 겪은 이들
가슴에 박힌 전쟁의 파편
아픔은 매년 도진다

짝사랑 비치는 햇빛의 그늘
속속들이 냉기되니
애국자의 서운함 누가 알리요

은혜입은
대한의 자녀여

더 이상 동족상잔의 비극 없도록
굳건히 나라 지키고
그날을 잊지말자

어느 겨울, 베트남 호치민시에 있는 전쟁박물관에 방문했습니다. 그곳에는 베트남전 당시의 기록과 사진이 생생하게 남아있었습니다.

저는 베트남전에 참전했던터라 그 기록들을 보니 40년 전 악몽이 또렷이 되살아났습니다. 낙엽처럼 뒹구는 시체, 고막이 터질 정도로 강한 폭음, 숲 사이를 맴도는 헬기, 밤새 울러퍼지는 포성, 그 모든 것이 눈에 보이고 들리는 것만 같았습니다. 박물관에 다녀온 그날은 밤잠을 이루지 못했습니다.

우리 민족은 설움 가득한 일제강점기를 거쳐 6·25 전쟁까지 겪었습니다. 수많은 사상자와 유가족, 이산가족이 발생했습니다. 그날부터 지금까지 얼마나 아프고 슬펐을까요. 저는 참전의 기억만으로도 이토록 힘든데 더 고통받는 전쟁의 피해자들이 있다고 생각하니 가슴이 아려왔습니다.

다시는 이 땅에 전쟁은 일어나지 않아야 합니다. 동족상잔의 비극은 씻을 수 없는 상처를 남겼습니다. 지금도 눈물을 흘리며 밤잠을 이루지 못하는 분들이 많습니다. 이산가족은 기약도 없이 만날 날만을 기다립니다.

우리 모두 그 날의 아픔을 잊지 않길 바랍니다. 남남, 남북 갈등의 요소를 제하고, 안보를 더욱 든든히 해서 전쟁이 일어나지 않도록 하는 것은 우리 모두의 사명입니다.

오늘이 있기까지 수고하고 헌신한 모든 호국 영령들을 위로하며, 그들이 지키고자 했던 자유를 우리가 지켜내기를 기도합니다.

# 평화의
# 나무


막강한 경호부대도
백두산의 약초도
떠나는 길 막지 못해
북녘 땅 지도자
돌아올 수 없는 길 떠났다

여호와께서 집을 세우지 아니하시면
세우는 자의 수고가 헛되며
여호와께서 성을 지키지 아니하시면
파수꾼의 깨어 있음이 헛되도다
시편의 말씀

그의 육체는 유리관에 안장되었으나
영혼은 어디로 갔을까

예수께서 이르시되
내가 곧 길이요 진리요 생명이니
나로 말미암지 않고는
아버지께로 올 자가 없다고 하셨다

통일의 그날 기다리며
평화의 나무 키우면서
복음 통일 위해 두 손 모은다

2011년 겨울, 북한의 지도자가 세상을 떠났습니다.

그 소식이 대서특필된 이후에, 한 방송에서는 북한 경호부대의 용맹한 모습을 소개했습니다. 한쪽에서 칼을 던지면 한쪽에서는 피하는 고도의 무술 훈련을 하는 모습이었습니다. 참 대단하고 막강해보였습니다.

고된 노력과 훈련으로 다져진 경호부대가 목숨을 걸고 지키려고 했지만 지도자의 생명을 지키지는 못했습니다. 백두산의 영험한 약초와 산삼, 몸에 좋다는 것들을 다 취해도 장수하지는 못했습니다.

서재에 와서 펜을 잡았습니다.

하나님이 지켜주시지 않으면 모든 것이 헛되다는 성경말씀이 생각났습니다.

> 여호와께서 집을 세우지 아니하시면 세우는 자의 수고가 헛되며 여호와께서 성을 지키지 아니하시면 파수꾼의 깨어 있음이 헛되도다 시 127:1

통일의 날이 올 때까지 우리는 하나님의 사랑을 의지하고 살아갔으면 좋겠습니다. 하나님의 능력을 구하여 사랑으로, 신앙으로 통일하고 서로 화합할 수 있도록 사람을 키워야 합니다.

통일의 그날, 나라를 아름답게 할 수 있는 일꾼들을 키우는 것이 평화의 나무를 심는 일일 것입니다.

# 성령으로
# 피어나라



싸늘한 무덤 같은 감옥에서도
바울 사도는 가슴에
성령의 불을 지폈습니다

"나의 사랑하고 사모하는 형제들
나의 기쁨이요 면류관인 사랑하는 자들아
이와 같이 주 안에 서라"

말씀으로 사랑의 모닥불 피우니
사모하는 여울에
기쁨의 버들잎 피어났습니다

주님 쓰신 가시면류관
믿는 자의 영광과 행복
하늘 햇빛에 반짝입니다

세속 환경의 늪
미움 슬픔 부끄러움이
택자 유혹할까봐

반석 위 집 짓고
주 안에 있으라 하셨습니다

한 마음 품으니
영생의 누림
희망 안은 웃음꽃으로
피어나고 있습니다

자연은 사계절을 따라 변화하며 아름다움을 발산합니다. 겨울 지나 봄이 오면 새싹들이 돋아나고 때를 따라 꽃을 피우고 열매를 맺습니다. 사람의 인생을 생각해 봅니다. 언제 행복할까요? 어떻게 하면 행복해질까요?

행복해지는 방법은 멀지 않은 곳에 있습니다. 성령이 임하시면 모든 것이 달라집니다. 저는 세상에서 상처받고 좌절하여 고통 속에 살던 사람들이 변화되어 다시 환하게 피어나는 모습을 보았습니다. 성령을 받았을 때 그들은 다시 피어났습니다.

회개를 통해 성령을 받으면 성령이 주시는 사랑과 희락과 화평과 온유와 절제와 충성을 가지고 견딜 수 없는 환경도 이겨내면서 웃을 수 있습니다.

성령으로 피어난 바울 사도는 싸늘한 감옥에서도 환하게 웃으면서 찬송을 불렀습니다. 성령으로 새롭게 되면, 환경을 탓하지 않고 범사에 감사하는 삶을 살 수 있습니다.

인간의 회복은 하나님의 영에 의해서만 가능합니다.

# 평가자
## 음성

형제, 군중의 함성이 들리지 않는가
살인자 바라바를 놓아주고
사랑의 주님 십자가 달아 죽이라는
성난 군중의 함성

누가 군중을 소동했는가
시기 질투자들이 만든 유언비어
군중의 가슴에 불길 되었다

죄인된 인간 구원 위해 오신 님
군중의 제물되어
십자가 사랑의 피
사망을 생명으로 바꾸었다

하나님도 모르는 자들
주님을 비판하는 무리에게
신뢰와 인정 얻으려는가

어리석게
세상 좋은 평가 기대 말고
빛 소금 능력을 보이리라

바라바는 살인자였습니다. 예수님은 무죄하고 무결하신 하나님의 아들이십니다. 그러나 사람들은 바라바를 풀어주었고 대신 예수님을 십자가에 못 박았습니다.
예수님은 빛이고 진리이시며 가난한 자, 병든 자의 친구였지만 모든 군중에게 외면당한 채 십자가에 달려 돌아가셨습니다.

상식적으로 악한 사람이 심판받고 착한 사람이 칭찬과 존경을 받는 것은 당연한 이치입니다. 그런데 '아니 땐 굴뚝에 연기 날까' 라는 속담이 무색하게 때로는 안 땐 굴뚝에도 연기가 납니다. 악한 일을 저지르지 않아도 정죄를 받습니다. 어둠의 세력이 짙어질 때는 선한 사람이 박해를 받습니다.

오늘날 교회도 세상으로부터 배척을 당합니다.
세속적인 가치관을 따르다가 주님을 닮지 못한 탓도 있고, 교회의 선행보다 약점만 드러내는 사람들도 점점 많아진 탓도 있습니다.
그러나 교회와 성도는 이럴 때일수록 하나님을 바라봐야 합니다.
스스로 성찰하되 세상의 평가에 위축되지 않고, 하나님이 나에게 요구하시는 것을 바라봐야 합니다.

어둠의 때에 들려오는 평가의 음성에 좌우되지 말고 하나님의 말씀을 기준삼아 위기를 극복해봅시다.
십자가 뒤에 있는 부활의 영광을 바라볼 때 참된 평안이 찾아올 것입니다.

물의 사명 다하도록

산악에 보내소서

목마른 산짐승

갈한 목 축이고

하늘을 향하게 하소서

# 사랑이
# 가는 길

영하 20도의 매서운 추위
베란다 난이 얼지 않도록
문을 빨족히 열어 놓았습니다

따뜻한 공기 커텐을 살며시 밀고
베란다로 나가
동사(凍死)의 위험에 처한 난을 구하고 있습니다

추운 날이면 여름이 좋고
무더운 날이면 겨울이 그리워지니
추위와 더위는
인생길에 흐르는 돌개천 같습니다

넉넉함과 부족함도
서로 채우면 사랑의 이정표
세상을 아름답게 사람을 행복하게 할 것입니다

낮선 길을 갈 때 이정표를 보고 운전을 하듯, 모든 날이 새날인 인생 길에도 이정표가 필요합니다. 우리는 무엇을 보고 누구를 따라가야 할까요?

자족하며, 감사하며, 하나님의 섭리를 깨닫는 한 해를 보내셨다면 이제 더 큰 믿음을 가지고 다가오는 날을 설계해 봅시다.

믿음은 바라는 것들의 실상이요 보이지 않는 것들의 증거니 히11:1

하나님께서 대한민국에 복을 주셨고 교회에 복을 주셨고 믿는 우리에게 복을 주셨습니다. 이 땅의 인생이 전부라고 하면 모든 피조물 중에 사람이 가장 불행할 것입니다. 그러나 보이지 않아도 우리에겐 그 나라가 있습니다.

믿음의 사람이 가는 종착지에는 눈물 없고, 한숨 없고, 고통 없는 그 나라가 있기 때문에 오늘도 범사에 감사할 수 있습니다.

환하게 웃으면서 기쁨으로 내일을 걸어갑시다. 믿음으로 승리할 것입니다.

# 말석에
# 앉으라

초청하여 대접하면서도
행위를 엿보는 이들
존중에는 올무가
선행에는 함정이 있구나

안식일에 행한 선행
악으로 몰아가는 여론 속에

예수님의 사랑은
쉼 없이 흐르는구나

말석에 앉으라
청한 자가 너의 자리 찾아줄 때까지
스스로 높이다 낮아질라

다수를 의지 말라
군중은 여론에 민감하고
진실과 사실은 외면하니

오순절 기도의 용사되어
아름다운 횃불 들어보자꾸나

예수님이 말씀하시길 초청을 받았을 때 차라리 말석에 가서 앉으라고 하셨습니다. 청한 사람의 뜻을 모른 채 상석에 앉아 있다가 부끄러움을 당할 수 있기 때문입니다.

초청을 받은 자리에서 우리는 겸손해야 합니다. 높아 보이는 자리는 올무와 함정이 있을 수 있습니다. 날카로운 평가가 뒤따릅니다.

다른 사람이 높여 놓을 때까지 기다리는 것이 지혜입니다. 그것은 그 사람을 낮추기 위함이 아니라 보호하기 위함입니다. 끝자리는 안전하고 바람을 타지 않는 곳입니다. 주님은 항상 겸손하고 나보다 남을 낮게 여기는 끝자리를 선택하는 사람을 귀하다고 하셨습니다.



이름을 드러내기보다 주님이 인도하실 때를 기다렸다가 모든 사람 앞에서 영광이 나타나길 바랍니다.

다른 사람이

높여 놓을 때까지

기다리는 것이 지혜입니다.

그것은 그 사람을

낮추기 위함이 아니라

보호하기 위함입니다.

# 택자의
# 행복

스승 잃은 제자들
유대인 두려워 숨죽이며
닫힌 문 안에 숨어
두려운 가슴 물레방아칠 때
사망 이긴 예수님 홀연히 임해

"평강이 있을지어다"

손과 옆구리
못 자국 창 자국 보이시며
하나님이 보내신 방법대로

"나도 너희를 보내노라"

연약한 제자 보시며
숨 내쉬고 하신 약속의 말씀

"성령을 받으라"

성령의 성품 가득 담고
신자능력 입기를 원하시는구나

전능자의 죄 사하는 권세
제자들에게도 임해
용서하는 은혜 신령한 자만 체험하는구나

신 없고 진리 없다는 자
영혼 죽었으니 당연하나
신도 진리도 있다는 택자
행복 임하는구나

예수님이 부활하셨습니다. 제자들은 다시 찾아오신 예수님을 통해 고난과 두려움을 극복할 수 있는 기회가 생겼습니다. 예수님은 두려움에 숨죽이고 있는 제자들에게 오셔서 평강을 주셨습니다.

예수님은 우리들을 택하시고 부르셔서 제자로 삼으셨습니다. 또 가르쳐 주시고 사랑을 베푸시고 우리의 모든 죄까지 대속하셨습니다. 그리고 사망의 권세를 이기시고 부활하셔서 찾아 오셨습니다. 이 모든 것이 택함받은 자의 누림입니다.
그리고 그 누림만큼 주신 의무가 있습니다.

**아버지께서 나를 보내신 것 같이 나도 너희를 보내노라** 요20:21

그 의무는 주님의 사랑을 가지고 세상으로 나아가는 것입니다.
부활의 영광과 평안을 체험했다면 그냥 앉아 있는 게 아니라 체험하지 못한 사람을 향하여 가야 합니다. 그리고 예수님은 그 길을 가는 사람에게 꼭 필요한 것을 주십니다.

보내신 곳에 가서 사명을 감당하려면 보혜사 성령님을 우리 마음
속에 모셔야 합니다. 이는 회개함으로 가능합니다.
회개하여 성령을 받고 평강을 체험했나요?
이제 나가서 힘 있게 예수님을 전합시다.

# 충성할
# 직분을 주소서

생명수의 근원
샘을 만났습니다

마르지 않는
깊고 아름다운 샘 주셨습니다

넘쳐흐르는 강물을 대어
박토에 씨 심어 싹 틔우고 자라
열매 맺을 밭을 받았습니다



씨 뿌리고
김 맬게요

비와 햇빛 주세요
가을의 풍성한 보답하도록

주여!
거룩한 영 능력 입고
진리 안에서 생명 다해
충성하겠나이다

한 해의 마지막, 어떤 계획을 세우셨습니까?

우리가 인생에 태양을 띄우면 낮이 오고, 달을 띄우면 밤이 옵니다. 새해 어떤 계획을 하느냐에 따라 우리의 발걸음은 의를 향하기도 하고 악을 향하기도 합니다.

당신의 사명은 무엇입니까? 우리는 사명과 은사가 땅에 있는지, 바다에 있는지, 하늘에 있는지, 잘 분별해야 합니다.

세상에는 수많은 기준과 가치관이 있습니다. 인생을 설계하고 재정비할 때, 하고싶은 것, 보고싶은 것만 계획하기보다 먼저 해야할 일이 있습니다. 자신의 사명을 깨닫고 가장 바른 지식인 예수님의 말씀을 기준 삼는 것입니다. 말씀의 기준을 따라 계획을 세웠다면 확신을 갖고 실행에 옮겨야 합니다.

주님이 주신 사명을 감당할 때, 낙심하지 않는 힘은 천국에 대한 기대입니다. 내 눈엔 보이지 않아도 선의 결과를 하나님께서 보장해 주신다는 확신이 있을 때 한 해 동안 변함없이 선을 행할 수 있고 지치지 않습니다.

선을 행하는 능력은 하나님께로부터 옵니다.

충성할 수 있는 사명을 주심에 감사하며, 한 해를 시작해봅시다.

시인의 언덕

아픔 곱씹으며
육체 흙으로 녹아내린
해묵은 눈 담고

시인의 언덕
SEASON 2

사랑을 심는 걸 보니
행복하겠네요

# GoodTV 〈권태진 목사의 시인의 언덕〉 방영 목록

| 회 | 제목 | 날짜 | | 회 | 제목 | 날짜 |
|---|---|---|---|---|---|---|
| 1회 | 반보 | 08.11.30 | | 28회 | 보훈의 달에 | 09.06.15 |
| 2회 | 가로등 | 08.12.07 | | 29회 | 샘물 | 09.06.22 |
| 3회 | 갯벌을 보며 | 08.12.14 | | 30회 | 6월 | 09.06.29 |
| 4회 | 성탄절 | 08.12.22 | | 31회 | 살아도 죽어도 | 09.07.06 |
| 5회 | 새해를 맞으며 | 08.12.29 | | 32회 | 바람 | 09.07.13 |
| 6회 | 행복의 텃밭 | 09.01.04 | | 33회 | 행복 | 09.07.20 |
| 7회 | 눈밭 | 09.01.11 | | 34회 | 포기할 수 없습니다 | 09.07.27 |
| 8회 | 어떤 환경도 좋아요 | 09.01.18 | | 35회 | 이렇게 살리라 | 09.08.03 |
| 9회 | 설날 | 09.01.25 | | 36회 | 휴가 | 09.08.10 |
| 10회 | 희망의 노래 | 09.02.01 | | 37회 | 섬겨라 | 09.08.17 |
| 11회 | 어둠의 화폭에 빛 되었으면 | 09.02.08 | | 38회 | 통일의 손 꼽으며 | 09.08.25 |
| 12회 | 난 태양을 보리라 | 09.02.15 | | 39회 | 메밀꽃 피는 동심 | 09.09.07 |
| 13회 | 사랑 | 09.02.22 | | 40회 | 열매로 말하라 | 09.09.21 |
| 14회 | 봄의 문턱에 | 09.03.01 | | 41회 | 추석 | 09.09.28 |
| 15회 | 생명 | 09.03.08 | | 42회 | 가을 | 09.10.05 |
| 16회 | 행복노래 | 09.03.22 | | 43회 | 님의 가슴으로 세상을 보노라 | 09.10.13 |
| 17회 | 봄이 가져다 주는 행복 | 09.03.29 | | 44회 | 갈릴리에서 | 09.10.20 |
| 18회 | 좋은 것 심어요 | 09.04.05 | | 45회 | 억새풀 | 09.10.27 |
| 19회 | 부활 | 09.04.12 | | 46회 | 남은 날 | 09.11.03 |
| 20회 | 갈릴리 호수 | 09.04.19 | | 47회 | 불타는 산 | 09.11.10 |
| 21회 | 십자가 사랑 | 09.04.26 | | 48회 | 추수감사 | 09.11.17 |
| 22회 | 큰 선물 | 09.05.04 | | 49회 | 사랑 | 09.11.24 |
| 23회 | 어머니 | 09.05.11 | | 50회 | 반석 위 | 09.12.01 |
| 24회 | 참 스승 | 09.05.18 | | 51회 | 하늘땅 축제 | 09.12.15 |
| 25회 | 빗물을 눈물로 느낄 때의 추억 | 09.05.25 | | 52회 | 사랑의 꽃 | 09.12.22 |
| 26회 | 오월의 기도 | 09.06.01 | | 53회 | 희망의 새해 | 09.01.01 |
| 27회 | 일어나자 | 09.06.08 | | 54회 | 질그릇에 담은 보배 | 10.01.12 |

난 꿈이 있어요
난 행복해요

한 길, 한 나라 가면
먼저 가도 나중 가도
서로 만날 날 보장되고

성경에 보면 예수님을 만나는
모든 사람들은 행복해졌어요

동녘의 태양이
힘차게 떠오릅니다

구구절절 진리임 알아
순종의 맘 키웁니다

사랑

겨울

봄바람은 잎과 꽃에 불어 넣고

따뜻한 시선 머무니
온 가정 행복의 태양 빛 가득하다

가을날

여보게 당신의 밭 나무에
열매가 있는가

이젠 벗어 봅니다
詩 권태진 목사

시인의 언덕

일어나자 새롭게 하자
전능자 영의 권세옷 입어

권태진 목사

가시 주머니
알밤 토해내는 때

노병의 눈물

후버 댐에서

권태진 시인의 시/작/노/트 03

# 당신 곁으로

지은이 • 권태진
초판발행 • 2017년 10월15일
등록번호 • 제 2003-6호
등록된 곳 • 경기도 군포시 군포로 487, 402호
발행처 • 성빛출판사
전화 • 031-397-6757
팩스 • 031-397-9241
이메일 • gpjeil@gmail.com
홈페이지 • www.gunpojeil.org
본문일러스트 • 박영애

ISBN  978-89-87187-27-3 (04230)
       978-89-87187-24-2 (SET)